LUIS CHESNEY LAWRENCE

EL DELIRIO RENTISTA EN VENEZUELA

Caracas, 2016

El delirio rentista en Venezuela

Luis Chesney Lawrence

1a. edición, 2016

Diseño y organización: Seraidi Chesney Sosa

ISBN-13: 978-1539480563
ISBN-10: 1539480569

Dep Legal: lf06820117002641

Published by:

On-Demand-Publishing LLC;

CreateSpace

An Amazon Company
www.amazon.com

Foto portada. Escultura en Boulevar de Sabana
Grande. Caracas. Venezuela

DEDICATORIA

Al terminar este libro nació mi cuarto nieto,

todos ellos viven fuera de Venezuela.

A ellos dedico este libro pensando que en un

futuro cercano vivirán

y conocerán una Venezuela libre,

democrática y moderna.

Para María José, Francisca, Diego Eduardo y

Noah

Sept-2016

ÍNDICE

pp

INTRODUCCIÓN 1

CAPÍTULO UNO. EL PETRÓLEO. Generalidades 11

La producción petrolera mundial.
El cenit del petróleo.
Petróleo y cambio climático.
La reconversión energética mundial.
Otras Fuentes de energía.

CAPÍTULO DOS. DE LA VENEZUELA PRE-
PETROLERA A LA ERA PETROLERA 37

La Venezuela pre-petrolera.
La era petrolera.
Los proyectos fundacionales
Alberto Adriani.
Arturo Úslar Pietri.
Rómulo Betancourt y Juan Pablo Pérez Alfonzo.
El desarrollo petrolero 1945- en adelante y sus rupturas
La primera ruptura, la ciudadana del pacto social
del 27 de febrero de 1989
La segunda ruptura, de la institucionalidad del país,
del 4 de febrero de 1992
La tercera ruptura: la descomposición del gobierno militar

CAPÍTULO TRES. LOS CONFLICTOS CÍVICOS Y
EL PETRÓLEO. 69

El paro cívico en defensa de la democracia. 11 abril, 2002
El conflicto de la meritocracia de PDVSA.
Los despidos de PDVSA
Las consecuencias de estos conflictos

CAPÍTULO CUATRO. LA INSTITUCIONALIDAD PETROLERA: LA EMPRESA PETRÓLEOS DE VENEZUELA S. A. (PDVSA)   93

Los nuevos paradigmas del negocio petrolero
La apertura petrolera
PDVSA bolivariana
La era pospetrolera

CAPÍTULO CINCO. LA RENTA PETROLERA   117

Los efectos amargos del petróleo
    El efecto rentista.
    El efecto represión.
    El efecto modernidad.
    La enfermedad holandesa o mal holandés.
    El efecto Venezuela.
    El efecto voracidad.
    La denominada enfermedad venezolana
    Las principales bonanzas
La renta
La renta petrolera venezolana
El capitalismo rentístico venezolano
El colapso del rentismo

REFERENCIAS BIBLIOGRAFICAS   191

INTRODUCCIÓN

La irrupción de la economía petrolera en Venezuela durante el siglo XX, centro de esta investigación, produjo una gran transformación de su sociedad y, tal vez, la mejor forma de expresarlo sería decir que el petróleo pasó a formar parte de todos los órdenes de la vida del venezolano, aun cuando muchos desconocen detalles de esta ascensión y sólo ven, disfrutan o sufren sus efectos y muchos advierten un nuevo comportamiento cotidiano que emerge a través del tiempo. Esta es la razón por la cual la mayor parte de las variables y procesos que se quieran estudiar y entender de la sociedad venezolana pasan por revisar la historia social del país asociada a este recurso natural no renovable, como bien lo explica Asdrúbal Baptista (2004, p. 294) al decir que la renta petrolera, "en cuanto práctica económica y en cuanto modo colectivo de vida", obliga a reflexionar para encontrar su superación.

Durante la Revolución Industrial, las máquinas utilizaron el petróleo en forma apreciable como combustible, fuente de energía almacenada en esos compuestos a base del carbono, mezcla de hidrocarburos con porciones de azufre, oxígeno, nitrógeno y otros metales pesados que se obtiene del subsuelo. Por esta razón, el petróleo crudo que se extrae de la tierra, mar y lagos, surge mezclado con diversos componentes como el agua, sedimentos sólidos, gases disueltos o aceites. El petróleo venezolano contiene cantidades importantes de estos gases sulfhídricos, que son ácidos, amargos, tóxicos y corrosivos a los metales, razón por la cual es pasado por plantas especiales que separan estos gases, denominadas plantas endulzadoras, que eliminan lo amargo que comporta este crudo.

Por eso, el petróleo venezolano, así como los son también sus efectos físico-químicos, tecnológico, sociales y culturales, es un petróleo amargo, indudablemente amargo.

El efecto del petróleo en la sociedad venezolana cubre principalmente dos aspectos íntimamente relacionados: el ser un magnífico regalo de la naturaleza para sus habitantes y el de tener efectos de diverso tipo en su sociedad. Entre los primeros, por citar sólo unos pocos, se cuentan haber posibilitado sanear al país de terribles pestes tropicales, verdaderos flagelos que se recuerdan con amargura desde siglos atrás, así como también cambios en su historia, al iniciarse entre otras cosas, una incipiente modernización en un rápido proceso de urbanización, crecimiento acelerado de algunas de sus regiones, desarrollo económico general acelerado y su ayuda a consolidar el curso democrático interrumpido desde 1958. Pero, en el otro lado de la moneda, se observan entre otros efectos, sociales y culturales, una depauperación de su población, exclusión, desdén por el proceso productivo, marginalidad y cambios en hábitos y costumbres, que ya algunos han definido como un estilo hedonista, cuyos desequilibrios llegan a un límite extremo durante los años ochenta, cuando se hace evidente un agotamiento del modelo económico basado en esta fuerte entrada de divisas, denominada por economistas, renta petrolera. Esta fecha dio inicio a una crisis que inexplicablemente se ha mantenido hasta las primeras décadas del siglo XXI, sin signos visibles de recuperación.

Esta es la crisis de la economía rentista de Venezuela. Aún sin explicar en detalle estos conceptos, en lo sustantivo y en general, el petróleo parece haber dejado de ser el motor central del desarrollo en Venezuela. Sigue siendo y será por un largo tiempo un actor decisivo en su producción, en la generación de ingresos fiscales y de divisas, pero ya no parece ser una fuerza dinamizadora de su desarrollo como lo fue hasta los años ochenta del siglo pasado. Perdió vigencia y esta realidad no parece ser reconocida ni examinada en debida forma por su elite política e intelectual.

Gran parte de los estudios al respecto lo han sido desde la perspectiva técnica, económica o política, siendo éstas de gran apoyo e interés para esta investigación. El examen hecho por Luis González Oquendo (2006) al respecto es significativo, registra, a la fecha, para el país sólo la existencia de 94 estudios económicos relacionados con el efecto petrolero, 75 de orden técnico, 41 tesis de grado, 9 de sociología, 6 sobre política y 6 crónicas; a lo cual habría que agregar los numeroso trabajos de Asdrúbal Baptista, Bernard Mommer y Luis Pedro España, entre otros, que también tocan la disyuntiva del petróleo, bien como factor de cambio social, como actividad productiva o como fuente rentista. También es preciso destacar los estudios de autores, entre otros, como Rodolfo Quintero, Carmen Vallarino de Bracho, Roberto Briceño León, María Sol Pérez Schael y Fernando Coronil, aun cuando González Ocando destaca que no parece existir un programa orgánico de investigación sobre el amplio impacto del petróleo en Venezuela, sino sólo importantes esfuerzos articulados alrededor del tema. En la literatura externa tampoco se ha avanzado mucho, encontrándose entre otros, los estudios de Terry Lynn Kart (1977), Michael Ross (2001)), Jeffrey Sachs, Andrew Warner (1997) y Anna Hapka (2010) y otros, que plantean la paradoja del emprobrecimiento de los países petroleros, a los que denominan petroestados, y en los cuales observan sus enormes ingresos por exportación del crudo, que aprecia sus monedas y aumenta su importaciones, a la vez que pierden competitividad sus sectores agrícolas e industriales, aumentando la dimensión del Estado, del gasto público y amenazando su democracia –como se verá en detalle en el

3

capítulo sobre la renta en esta investigación-, lo cual inicia una serie de efectos perversos en su sociedad que culminan acrecentando estos problemas y lo que es peor, su dependencia del petróleo.

Lo más interesante de esto es que esta economía petrolera creó, sin pensarlo, lo que podría llamarse una cultura del petróleo, con su propio sistema de valores, actitudes y una mentalidad rentista sin igual, que responde a las exigencias específicas de una nueva estructura de poder, muy denunciada y criticada por algunos de los líderes históricos de este período, como Arturo Úslar Pietri y Rómulo Bentancourt, entre otros; el primero, tal vez, uno de los que más insistió en la ruptura que existía en Venezuela entre trabajo y riqueza, con consecuencias aviesas para la nación; y el segundo, como gobernante, tuvo que tomar tal vez las difíciles decisiones iniciales en torno a la distribución de esta riqueza, con su consecuente crítica a su despilfarro.

La sociedad venezolana ha visto épocas de desarrollo relevantes y críticas durante el siglo XX y comienzos del XXI, siempre en un contexto diseminado por el rentismo y sus efectos en los planos individual, social, cultural e institucional.

De ahí que se pueda observar que el problema es general y que incluye a diversos órdenes de la vida ordinaria del país. La crisis económica visible desde los años ochenta en el país, afectó la estructura del tejido social, la convivencia y la escasa modernidad que se pudo haber alcanzado en algunos nichos de su sociedad. Pero bajo esta crisis se encontraba otra más delicado, la que ha afectado su cultura desde muchos años antes, al imponerse nuevas formas de vida, con sus propios valores, diferentes, significaciones nuevas, hábitos, actitudes y trabajo, que probablemente inhibieron a la limitada modernidad alcanzada. Esto ha sido, sin dudas, un producto del rentismo, furtivo en las políticas derivadas de diferentes gobiernos.

La irrupción del petróleo en Venezuela, con toda su significación, desde la segunda década del siglo XX, como lo señala Héctor Silva Michelena (2006, pp. xxviii-xix) al invadir todos los aspectos de la vida nacional, sus impactos generados "rebasaron, y aún lo hacen con creces, los límites, convencionalmente entendidos de lo económico", con gran influencia tanto en las teorías del desarrollo como del subdesarrollo del país. Esto tiene no sólo una importancia en los aspectos económicos, sino que también en términos de la "conformación histórica de la teoría del capitalismo rentístico; la revisión y reinterpretación de las teorías del desarrollo y subdesarrollo; y, más recientemente, la relativa a la ética". En definitiva, la tesis de Silva Michelena es la de tratar de explicar cómo un país pobre, con una débil economía agropecuaria, al que lo sacude un imprevisto "brote monstruoso" de riqueza petrolera, que en un par de décadas pasa de ser el quinto exportador de café a ser el primer exportador de petróleo en el mundo, "se encuentra en una conmoción tan profunda y peligrosa que de ella puede salir una verdadera y sólida grandeza, o la supeditación de su destino nacional a la suerte de los aceites combustibles o a la voluntad de quienes los controlan" (p. 59).

Toda sociedad humana orienta su quehacer hacia una actividad transformadora, propia de su complejidad, diversidad, y asume acuerdos para el uso de sus recursos, su desarrollo y su bienestar o calidad de vida. Esta complejidad se da en sus relaciones con el entorno físico, humano y cultural.

No obstante, a fines del siglo XX, especialmente a partir de los años ochenta, estos cambios se harían mucho más relevantes y significativos, porque se han ido concretando en

5

transformaciones fundamentales. Los grandes cambios ocurridos en las postrimerías de ese siglo son muy reveladores en lo relativo a las transformaciones que pueden experimentar las sociedades. Esto es gracias al proceso de la globalización, aunque esta explicación no aclara mucho porque abre el conocimiento a un concepto vago, difuso, muy amplio y con muchas significaciones, aunque en lo que aquí interesa, es donde se manifiesta la integración de las economías y las culturas que están delimitando el mundo en los tiempos del siglo XXI, que luce tan distante de la mencionada década.

En estos años se desmontan dos grandes estructuras del equilibrio político mundial, la división este-oeste y la del norte-sur, comienza un acelerado proceso de avance tecnológico, social y cultural, en 1989 cae el muro de Berlín, se disuelve el régimen soviético y con él todo un sistema bipolar que se sostenía en un precario equilibrio de poderes, aparece un elocuente número de países industrializados con economía de mercado que reunidos en torno al denominado Consenso de Washington inician la no menos sorprendente época de la globalización que desfigura las tradicionales ideologías, emerge lo que para muchos es un nuevo paradigma, el de la economía abierta, con supremacía hegemónica de los Estados Unidos y su aliados, se fomentan las exportaciones y el libre comercio antes que apoyar a la industria local, auspiciosa para muchos, aunque deja consigo una apreciable muestra de desigualdad, exclusión social, aumento de la pobreza y la creación de fuertes asimetrías en los niveles de desarrollo de los países, todo lo cual culminaría con una crisis general del sistema en 2008, comparable a la de 1929, cuya perspectiva no termina de ser clara.

Este es el tema de este libro. En este sentido, su propósito es el de intentar explicar el complejo sistema que se ha producido en Venezuela asociado a la bonazas económicas proporcionada por el petróleo. Se trata de explicar lo que ha ocurrido, entender sus orígenes, expresiones, caracterización, así como también repensar sus cambios, sus momentos que hacen historia. Es, sin duda, una tarea no fácil, principalmente debido a que sobre él persisten las más variadas interpretaciones. La gran pregunta propuesta, en suma, es ¿cómo ha sido este proceso del desarrollo afectado por la economía petrolera? Para poder responderla este estudio se planteó como necesario la ejecución de dos pasos importantes; uno, de reflexión sobre el tema central a analizar, y otro, en torno a la metodología a emplear. Un país se imagina a sí mismo, como reflexión, por las historias que relata y que permanecen en el recuerdo, oculto.

Desde el otro punto de vista, la metodología a utilizar integra tanto aspectos cualitativos como cuantitativos, culturalistas, lo cual facilita el hallazgo de un constructo de conocimientos significativos, el cual está en función del nivel de su desarrollo y de la consolidación epistémica de la cultura. Ésta toma sus principios del Método Delphi, adaptado al tema de este trabajo. Definido por H. Linston y M. Turoff (1975, p. 3) y por Jon Landaeta (1999) como cualitativo, estructura un proceso de comunicación documental efectivo al permitir a un grupo de expertos opinar y discutir en conjunto, como un todo, sobre un problema particularmente complejo.

El Delphi consiste entonces en la selección de un grupo de expertos a los que se les consulta individualmente su opinión sobre el tema en cuestión -para evitar el efecto e influencia del líder-, cuyo objeto de la consulta es disminuir el espacio intercuartil estadístico del grupo, esto es, cuánto se desvía la opinión del experto de la opinión del conjunto, precisando mejor la mediana de las respuestas obtenidas. Las estimaciones de los expertos, anónimos, se realizan en sucesivas rondas, con el objeto de tratar de conseguir consenso o puntos de convergencia múltiples -que no de coherencia-, pero con la máxima autonomía por parte de los participantes. En términos generales, se trata de reconstituir las relaciones de los elementos metodológicos significativos: el petróleo -su historia, renta y conflictos-, La información a utilizar procede de dos fuentes: una documental, bien sean de autores individuales u organizaciones relacionadas con la temática, serias y confiables, todas citadas en detalle; y la otra, recogida en el curso de la consulta Delhi, dirigida, anónima, que informa sobre acontecimientos, tendencias, rupturas y proyecciones sobre el problema y la conformación de sus tendencias.

El interés de esta investigación sobre el tema de la relación entre el complejo desarrollo del petróleo y sus variables surge en los años ochenta, cuando se plantean esquemas de planificación regional o del manejo de los recursos naturales, los que en la década siguiente, época en la que se exponen los principios del desarrollo sustentable y se comienzan a expresar en el ámbito continental las nuevas ideas sobre el desarrollo, aparece el tema ecológico en las agendas internacionales y en Venezuela, los movimientos relativos a la globalización.

Sin necesidad de exagerar, se presenta una nueva dimensión de estudio, consistente y poco conocida o revisada. Un primer acercamiento al tema puso en evidencia sus consecuencias sociales, políticas y económicas, pero su análisis en el mejor de los casos, era débil e indirecto con este enfoque. Esta visión indicaba que ni los medios ni los investigadores le otorgaban importancia, como ya se ha ilustrado, así como tampoco visualizaban las consecuencias del tema en la vida del país, aun cuando fuentes indirectas de la economía y de otras disciplinas, no cesaban de mencionarlas. No debe dejarse de lado tampoco, junto a esta preocupación, todo lo que tiene que ver con el conocimiento. La aventura del saber es la saga de una búsqueda de nuevas explicaciones y perspectivas. Es un poder que se conecta directamente con la realidad y trata de acercarse a una verdad, caótica a veces, lógica y razonada en otras, pero siempre pendiente e incompleta. Perpetuamente controversial e inquieta, aunque fiel a su método que lo orienta e intenta y llevarlo a buen puerto. El poder que otorga el conocimiento se prefigura ante su propia realidad. Así se entiende la ciencia, con pasión, con hálito y con conciencia. De esta forma, tal y como lo muestra la historia desde el inicio de la modernidad, quedó atrás la alquimia, la cosmología, la intuición y lo subjetivo, para abrir el camino riesgoso de lo incierto y lo particular, no exento de acertijos y hogueras, en definitiva, ese es el objeto de la investigación.

No podría ser un misterio para los investigadores y estudiosos, en general, de cualquier disciplina, declarar que toda indagación o examen de algo es intentar llegar a conocer la verdad de ese algo. En términos más amplios, lo que un hombre o una mujer indagan en profundidad es encontrarse con esta verdad. Aunque fácil de decir, no sólo es difícil, sino que se constituye en una misión para el investigador. Históricamente, este es el centro de la mesura y del decoro humano, es su dignidad como estudioso y como ser humano. El encuentro de la verdad se asocia con lo ético, con la convivencia humana y con la problemática social, pero muy especialmente, lo distingue como un ser augusto, calificado, libre e independiente. Al contrario de lo que ocurriría en una sociedad de mentirosos, de aduladores o intimidados, henchidos de subjetividad en la cual difícilmente se podría progresar y desarrollarse. La verdad es un hado de ventura y de progreso, por todo un transcurso del saber. Por esta razón, en esta investigación se busca definitivamente encontrarse con una nueva verdad, tal vez novedosa, aunque esta pueda ser díscola y perturbadora para algunos.

Este libro está constituido por cinco capítulos. El primero relacionado con la historia del petróleo, general, panorámica; el segundo, con el petróleo en Venezuela; el tercero se relaciona con el concepto de la renta y su alcance en el país; el cuarto sobre la empresa PDVSA; y el quinto sobre la renta petrolera y su ocaso.

CAPÍTULO PRIMERO. EL PETRÓLEO

Thirty years from now there will be a huge amount of oil - and no buyers. Oil will be left in the ground. The Stone Age came to an end, not because we had a lack of stones, and the oil age will come to an end not because we have a lack of oil".
Jeque Ahmed Kaki Yamani Interview with Gyles Brandreth Reuters (UK, 5 September, 2000).

¿Hacia dónde va Venezuela? Esta es la pregunta que se hacían siempre los venezolanos desde el siglo XIX, a pesar del cultivo del cacao y café el panorama del futuro del país no era claro, el nuevo siglo XX que se abría ante los grandes cambios del mundo con esperanzas, no lo era tanto para este país. Venezuela era un país triste. Sosteniéndonos sólo en el café y otros productos agrícolas que se cultivaban según la tradición, no se llegaría a ningún lado en el mundo moderno. ¿A dónde iba el país? ¿A ninguna parte? Estas inquietantes preguntas serían comunes en una sociedad rural como lo era el país, es decir, en una sociedad atrasada, analfabeta, insalubre, inepta, que no podía ejercer la democracia o cualquier acción ciudadana, sin ambiciones, con una alta mortalidad, en donde la vida del venezolano o venezolana no superaba los 34 años. Era una sociedad inmóvil, estancada, resignada a la nada, sin aspiraciones de progreso de ningún tipo.

Esa era la vida de entonces, Pero, en el lapso de una década, desde fines de esos años veinte, esta situación comenzó inesperadamente a cambiar y el país inició su puesta al día y a crecer y a emparejarse con las economías y sociedades más prósperas no sólo de Latinoamérica sino también del mundo.

Ese fue el milagro que produjo el recurso petróleo que escondía el suelo del país. El mundo también descubría de pronto la mayor fuente energética conocida hasta entonces. Venezuela la descubrió como una aventura bajo sus pies. Desde entonces y hasta los años ochenta, mientras el mundo quintuplicaba su nivel de vida y América Latina lo triplicaba, Venezuela lo aumentaba en diez veces. Seis décadas creció el país en forma acelerada, con cierta paz y estabilidad. Ahí es donde Venezuela se integra como nación y comienza a transformarse en un país moderno y a alcanzar un merecido progreso y una mejor calidad de vida para la mayoría de su población. Pero, luego, igual como apareció esto, comenzó de repente, su decline, a decrecer, y se rompió el hilo de la historia en una ruptura inexplicable: el país entró en una crisis general. Era un camino desconocido, nuevamente triste y tortuoso, aunque todavía seguía acompañándolo el petróleo.

Ahora, en la segunda década del siglo XXI, al igual que hace 100 años atrás, cuando el país de nuevo está detenido, inmóvil, vuelve su pueblo a hacerse esa aciaga pregunta ¿cuál es el horizonte? La respuesta es la misma de ayer: seguir con el hermano petróleo, en las buenas y en las malas. Sin embargo, hay una diferencia con lo ocurrido hace un siglo, ahora el Estado venezolano, el único dueño del petróleo, es rico, el país cambió, se modernizó, pero hay corrupción, despilfarro y el pueblo es pobre. El Estado se convirtió en el agente económico más rico del país, todo lo contrario de antes, y así se hipotecó paso a paso el presente y el futuro. Por eso, desde los años ochenta, hay una generación de venezolanos que sólo han escuchan la palabra crisis y la progresiva pobreza de su pueblo.

El colapso de la sociedad venezolana, que ha vivido de la renta petrolera, trajo una avasalladora tempestad política en una infructuosa búsqueda del por qué esto. Ya es tarde para volver a aquel idílico rentismo de antaño, aunque aún se busque. Ahora, se debe afrontar la nueva y dramática realidad de este país: el poder económico y el político en una sola mano, la mano de un Estado ineficiente, con inmensos ingresos petroleros que se dilapidaron mientras la pobreza y oros graves problemas productivos y de servicios crecen a pasos excesivos. Algunos números, que no por ser fríos son menos dolorosos, aclararán esto: más del 50% del país es ahora pobre en la primera década el siglo XXI. Los números a veces no muestran cómo esto afecta a los hogares, especialmente a los de los humildes. Pero aún hay algo más grave que acompaña a todo esto en estos últimos años, un tribunal en Londres y otro en Canadá ya certificaron que en Venezuela ahora se violan los derechos humanos, hay presos políticos, se practica la tortura por parte de los órganos de seguridad del gobierno y más de un millón de venezolanos y venezolanas ha salido a un angustiado exilio. Hasta esto se ha llegado en Venezuela, crisis de la que no está ausente el rentismo petrolero, no del petróleo, sino de venezolanos que han provocado esta situación. En este capítulo se verán en forma general y panorámica el tema relativo al petróleo en sí.

Generalidades sobre el petróleo (del griego πετρέλαιον, aceite de roca)

El petróleo es un compuesto químico formado por hidrocarburos -átomos de hidrógeno y de carbono, y por pequeñas porciones de azufre, oxígeno, nitrógeno y otros metales pesados. Aparece de manera natural entre rocas de tipo sedimentario y en lugares en donde hubo mares o lagos (agua salada o salobre). La descomposición de organismos marinos, restos de animales y, en menor medida, de organismos terrestres arrastrados al mar por los ríos o de plantas que crecen en los fondos marinos, se mezclan con las finas arenas y limos que caen al fondo en las cuencas marinas tranquilas. Estos depósitos, ricos en materiales orgánicos, son los que se convierten en rocas generadoras de crudo en un proceso a través de millones de años, desde épocas cuando surgieron los organismos vivos en grandes cantidades y que continúa hasta el presente. A medida que se van acumulando estos depósitos, la presión sobre los situados más abajo se multiplica por varios miles, aumentando la temperatura. El cieno y la arena se endurecen y se convierten en esquistos y areniscas; los carbonatos precipitados y los restos de caparazones se convierten en caliza y los tejidos blandos de los organismos muertos se transforman en petróleo y en gas natural –así por ejemplo, las llanuras de Kuwait, Arabia e Irak, fueron en otro tiempo fondo marino de poca profundidad-. Pese a ser conocido mucho antes, el petróleo no comenzó a intervenir en el desarrollo industrial sino a partir de 1850.

A lo largo de este recorrido por los años, una parte de la energía absorbida por los seres vivos fue quedando enterrada en forma de materia orgánica y se fue transformando lentamente, mediante procesos físico-químicos en diversos compuestos orgánicos sólidos (carbón), líquidos o espesos (petróleo) y gaseosos (gas natural). Estos compuestos, por su origen remoto se ha denominados "combustibles fósiles", son finitos, no renovables, puesto que necesitan de millones de años para formarse, y son únicos en la naturaleza, pues no existen otros elementos que se hayan formado de esta manera ni que, por tanto, acumulen una cantidad de energía tan grande y tan fácil e inmediata de aprovechar, sólo por simple combustión. Hace unos 250 años, durante la Revolución Industrial, el ser humano comenzó a servirse de la energía almacenada en esos compuestos -empezando por el carbón-, es decir, se comenzó extraerlos del subsuelo y a quemarlos, transformándolos en gases que se emiten a la atmósfera. Así pues, se puede decir que al quemar los combustibles fósiles masivamente lo que la especie humana viene haciendo es trasladar a la atmósfera, en forma de gases, toneladas de materiales orgánicos, ricos en carbono, que llevaban en el subsuelo millones de años y que hoy son fuente fundamental de energía y de contaminación.

Si la Tierra fuera infinita y sus recursos ilimitados, la población y el consumo energético podrían seguir aumentando indefinidamente. Pero el planeta es limitado y, por tanto, también lo son sus recursos y sumideros. Esto significa que algún día el proceso de extracción de materiales del subsuelo y su emisión a la atmósfera llegará al punto en que los recursos comenzarán a dar síntomas de agotamiento y los sumideros de empezar a saturarse. Y ese es al parecer, el punto en el que en que podría encontrarse la humanidad. Por mientras, continúa creciendo en población y necesidades energéticas, los geólogos avisan que el suministro de combustibles fósiles va a empezar a decaer —empezando por el petróleo y el gas natural—, y los ambientalistas advierten que el incremento detectado en las concentraciones de los gases producto de su combustión no tiene precedentes, al menos en los anteriores cientos de miles y probablemente en millones de años. Entre los gases cuyas concentraciones están aumentando notablemente destaca el dióxido de carbono (CO_2), que tiene la propiedad de actuar como un "efecto invernadero", lo que podría estar iniciando una alteración impredecible en el equilibrio climático del globo.

El petróleo se ha constituido para la humanidad en una muy eficiente fuente de energía, de bajo costo, fácil de extraer, de transportar y de utilizar como energía para obtener bienes materiales. La abundante disponibilidad de petróleo según Fernando Bullón (2006), a quien se seguirá en esta sección, ha sido determinante en los profundos cambios que ha experimentado la humanidad en el último siglo XX, hasta llegar al estado de dependencia en que se encuentra el mundo actual, al ser la fuente de energía que mueve el 95% del transporte mundial y que se utiliza en más de tres mil productos de uso común. Se estima que la humanidad ha consumido, en tan sólo esos cien años cerca de la mitad de todo el petróleo que existía originalmente, formado a lo largo de millones de años. Numerosos estudios vienen anunciando desde hace décadas que, una vez consumida la mitad de las reservas de petróleo del planeta, el ritmo de extracción debería comenzar a decaer. Esto significa que la generación de comienzos del siglo XXI se podría enfrentar al descenso de la disponibilidad de este recurso, que sostiene en forma crucial al sistema económico y al modo de vida actual. Ciertamente, en los últimos años viene manifestándose una progresiva variación de la producción excedentaria de petróleo debido a las dificultades para incrementar su oferta al ritmo que exige la demanda, de forma que el precio del crudo experimentó un notable ascenso y luego descendió, lo que para algunos expertos hizo pensar que en los próximos años este proceso se irá acentuando visiblemente, lo que no ocurrió, como se verá más adelante.

La palabra petróleo en esta investigación se usará tanto para referirse al recurso natural no renovable que surge del interior de la tierra del que se está hablando, como de la actividad petrolera, del conjunto de acciones que la sociedad ejerce, relacionadas con este recurso y la percepción, representación e imaginario social y cultural que la sociedad posee, tanto de sus resultados, productos, como de beneficios que genera para su provecho.

La producción petrolera mundial

La entrada del petróleo en el desarrollo industrial ocurre en el año 1850, cuando en Pennsylvania -Estados Unidos- se procedió a comercializarlo con su actual nombre. A partir de entonces, su importancia es cada vez más consistente en la vida diaria. La alta dependencia que el mundo tiene del petróleo, la inestabilidad que caracteriza a su mercado internacional y las fluctuaciones de los precios de este producto, han llevado a que se investiguen sobre sus existencias y sobre energías alternativas.

Su demanda mundial se estima que fluctúa (2010) entre 85 a 90 millones de barriles diarios –mb/d, cada barril contiene 159 litros-, y se estimaba en forma optimista que llegaría a 110 mb/d hacia el 2030; sin embargo, de acuerdo con la Agencia Internacional de Energía (AIE, 2009), en el 2008 ésta tuvo una baja. Esta producción proviene principalmente en casi dos tercios de la región del Golfo Pérsico -Arabia, Irán, Irak, Emiratos Árabes Unidos y Kuwait-, mientras que el tercio restante de la producción diaria se reparte, principalmente, entre Venezuela, Rusia, Libia, Estados Unidos, China y México. Su consumo se produce principalmente en América del Norte (30,4%), Asia-Pacífico (27,7%) y Europa (21,7%). La demanda de los países OPEP alcanzó en 2010 a 47 mb/d y la de los países no-OPEP llegó a 40 mb/d. La oferta, en cambio es inelástica, y tuvo una baja de 0,5 a 1,0 mb/d entre 2009/2010, pudiendo llegar a 86,5 o 90 mb/d.

Como puede observarse, el control de las fuentes de petróleo había provenido a los países que luego constituirían la Organización de Países Exportadores de Petróleo (OPEP), creada en 1960, en cuya fundación participaron Irán, Kuwait, Arabia Saudí, Qatar, Irak, Venezuela, Libia e Indonesia. Posteriormente han ingresado Argelia, Nigeria, Emiratos Árabes Unidos, Ecuador y Gabón. Esta asociación pretende establecer una política común a la hora de fijar un precio y cuotas de producción para el petróleo. Aunque en sus comienzos no tuvo la fuerza suficiente para hacer frente a la política de las multinacionales, a partir de 1971 los países de la OPEP

17

decidieron nacionalizar las empresas de explotación situadas en su territorio y en 1973 inició importantes subidas en los precios, como se verá más adelante al estudiar sus bonanzas. También hay otro grupo de países independientes en materia petrolera, entre los que destacan el Reino Unido, Noruega, México, Rusia y Estados Unidos (González Cruz, 2006).

El agotamiento de las reservas de petróleo podría constituir un grave problema que ha preocupado desde mediados de siglo pasado, por lo cual los países desarrollados buscan afanosamente nuevas formas de energía más accesibles, baratas y que sean renovables, como la energía solar, la eólica, la hidroeléctrica y otras (Ibid.). En este sentido, hay que señalar que la demanda, lejos de reducirse, en los últimos años, viene experimentando una fuerte subida, en especial a causa del gran crecimiento económico de países emergentes como China e India, cuyos acelerados desarrollos y altas poblaciones –que suman 2.300 millones de personas- demandan cada vez más petróleo. Continuamente aparecen informaciones y estudios sobre este problema que se ha denominado crisis energética, que alertan de la situación y de las consecuencias que se podrían derivar de una futura escasez y/o del encarecimiento o baja de los precios del crudo. Cuando muchos de los principales campos y países productores entren en declive, se iniciará lo que se denomina el cenit del petróleo.

Cuando la producción de un país exportador cae por debajo de su consumo interno, pasa de ser de exportador neto a importador neto, con lo cual empieza a presionar sobre los mercados internacionales del crudo. Igualmente, otra evidencia de esta crisis es que, si bien la demanda continúa aumentando, el descubrimiento de nuevos yacimientos viene disminuyendo desde los años sesenta, pese al empleo de tecnologías cada vez más sofisticadas y a la competencia de las empresas petroleras por hacerse con el mayor número de yacimientos en lugares cada vez más profundos y difíciles explorar como son los yacimientos en el mar. A partir de los años ochenta el consumo de petróleo superó a los nuevos descubrimientos, de forma tal que se calcula que por cada barril que se descubre se consumen cuatro. Esto significa que casi todo el petróleo que se está consumiendo hoy en día procede de los grandes yacimientos descubiertos hace ya varias décadas y en peligro de declive.

El cenit del petróleo

Los informes tradicionales de geólogos y especialista estiman que la humanidad ya ha consumido en sólo cien años, aproximadamente la mitad del petróleo que se ha formado a lo largo de millones de años bajo el subsuelo en diversos lugares del planeta. Esta preocupación por las reservas es lo que ha llevado a preguntarse sobre el momento en que se alcanzaría el máximo de la producción mundial de petróleo, teóricamente, a partir del cual su disponibilidad comenzaría a decaer.

Quien hizo estos estudios fue el geólogo King M. Hubert, quien en 1949 predijo por primera vez que la era de los combustibles fósiles sería de muy corta duración, luego en 1956, mientras trabajaba en la Shell Oil Company, en Houston, presentó modelos matemáticos que anunciaban que la cumbre de la producción petrolífera en los Estados Unidos llegaría a su punto máximo entre 1966 y 1972, y esto ocurrió en 1970, punto que en inglés es denominado "peak oil" o "cenit", modelo que se representa con una curva en forma de campana que señala que pasado este pico, la producción tiende a disminuir de manera inexorable. En su momento esta predicción nadie la tomó en serio, pero como efectivamente en 1970 la extracción de crudo en los Estados Unidos empezó a disminuir -sin importar que entrara en producción el campo gigante de Prudhoe Bay, en Alaska, en los años 70, ni que se empezara a desarrollar el Golfo de México en aguas profundas a comienzos de los ochenta, ni los avances tecnológicos que aportaba ese país-, y esto indicó que comenzaba una época crítica de déficit en la balanza comercial energética norteamericana. Fue esto y sólo entonces, cuando estos estudios fueron tomado en serio, y su método utilizado ampliamente en el mundo (González, 2006). Este país, pasó de importar el 2% del petróleo que consumía en 1950, a el 55 % de su consumo en 2009, lo que equivale a más del 25% del suministro energético global, para abastecer las necesidades de su población, que constituye sólo el 5 % de la población.

En efecto, la producción de cualquier pozo de petróleo a lo largo de su vida útil, sigue la curva de Hubert, lo cual indica que, al iniciarse la explotación, la producción de petróleo aumenta rápidamente, de forma que se puede extraer cada vez mayor cantidad con poco esfuerzo, pero a medida que pasa el tiempo el aumento de la producción va perdiendo fuerza hasta que se alcanza un máximo, a partir del cual la producción comienza su declive hasta el agotamiento del pozo. Este cenit se alcanza cuando se ha extraído aproximadamente la mitad del petróleo existente inicialmente y, pasado éste, el costo de producción se eleva hasta un punto en que deja de ser económica su explotación, aunque quede petróleo en el interior, sea cual sea el precio que tenga éste en el mercado. Además, el petróleo que se obtiene va resultando progresivamente de menor pureza. En definitiva, el petróleo es abundante, de buena calidad y de fácil extracción, en el tramo ascendente, y escaso, de peor calidad y más costoso de extraer, en el tramo descendente. Aplicando este mismo razonamiento, al sumar la producción de varios pozos se obtiene una curva de producción compuesta similar, por lo que la producción de cualquier país así como la mundial en su conjunto, también se presenta como una curva con forma aproximada de campana. Aplicando su método, Hubert calculó que el pico mundial del petróleo tendría lugar en algún momento de la última década del siglo XX o en la primera del siglo XXI, fecha que se ha ido posponiendo, como se verá más adelante.

Luego de la recesión que se creó en 1973 causada por la subida de los precios del petróleo provocada por la OPEP, y las sucesivas crisis del petróleo, éstas han sido una clara señal indicativa de que el mundo empieza a alcanzar la parte superior de la curva de Hubert, el cenit, y que los crecimientos económicos no volverán a ser los de años anteriores. Pese a esto, el consumo energético en los países industriales continuó aumentando para mantener sus crecimientos económicos anuales que, aunque menores a los de los años sesenta, se mantienen en torno al 2-3%, y la diferencia ha ido aumentando hasta llegar a la proporción actual, de 2014, en la que por cada barril que se descubre en el mundo se consumen cuatro.

Aunque realmente no se puede conocer con exactitud la fecha del cenit de la producción mundial de petróleo, los estudios hechos según este modelo ya venían anunciando que ésta se produciría en las primeras décadas del siglo XXI. Las estimaciones más fiables indicaban que esta realidad no se sabría sino hasta que pasara el cenit unos 3 o 4 años o más, después de superarlo, pues la producción varía cada año. No se pueden conocer tampoco con exactitud las reservas de algunos de los principales países productores, que pueden ser menores de las publicadas oficialmente por sus gobiernos, pues en los años ochenta las aumentaron sin ninguna base científica para poder acceder a mayores cuotas anuales de producción, pues éstas se asignaban según las reservas que tuviera cada país.

Esto es una incógnita, pues algunos de los principales países productores y de los mayores campos petrolíferos del

21

mundo ya lo habrían superado. En la Conferencia sobre el Cenit del Petróleo (2003), el Profesor Kenneth Deffeyes, autor de *El Cenit de Hubert: La Inminente Escasez del Petróleo Mundial*, explicó que el cenit pudo haber sido en el 2000, pues la producción mundial ha aumentado levemente desde ese momento, pese al aumento de la demanda y la presión de los gobiernos occidentales a los países productores para que aumenten su producción y evitar el alza de precios. Conocer la fecha exacta del cenit no es lo que más preocupante, pues la parte superior de la campana de Hubert puede ser un pico con diversas fluctuaciones antes de empezar el declive. El hecho elocuente es que, según los geólogos, los cálculos de Hubbert parecieran irse cumpliendo aun con variaciones (Bullón, 2006).

No obstante, una de las cuestiones más complicadas y al mismo tiempo fundamental para el cálculo de reservas petrolíferas es, sin duda, la existencia de datos fidedignos. Los geólogos distinguen entre los datos técnicos de los económicos - aquellos que utilizan las compañías petrolíferas para decidir sus inversiones y que normalmente son altamente confidenciales y cuestan mucho dinero-, de los datos políticos -de agencias como la AIE, por ejemplo-, además, en el año 1998, la AIE adoptó la metodología de Hubert por primera vez y, aunque para sus cálculos partió de una estimación del Servicio Geológico de Estado Unidos (USGS), de 2.300 GB -Giga barriles, o mil millones de barriles- como el "Ultimately Recoverable Reserve" o "Ultimate" -factor de recobro de sus yacimientos-, sus datos señalaron por primera vez una llegada al cenit de la producción para alrededor del año 2015. Pero, en el año 2000, la misma AIE volvió a cambiar el rumbo tomando un "ultimate" del Servicio de Geología (USGS), revisado al alza y consideró que no habría problema para mantener la demanda de crudo hasta el año 2020 o más. A su vez, en el año 2001, en su *World Energy Outlook*, la

AIE finalmente admitió que los países industrializados (OCDE) entrarían muy pronto en el declive de su producción, dejando ésta en manos de los productores de Oriente Medio, dónde se encuentran el 65% de las reservas mundiales probadas, si no aparecía un sustituto.

También se puede explicar que el Departamento de Energía estadounidense en un estudio efectuado en el año 2000, analizando doce escenarios posibles en función del volumen recuperado y de las tasas de crecimiento de la producción, percibió que en nueve de esos escenarios -75% de los casos estudiados-, el año en que se alcanza el nivel techo de producción para el petróleo convencional se ubica en la primera mitad del siglo XXI (Anzola, 2000, p. H-5). Otros estudios como los de la Red de científicos europeos dedicada a estudiar las reservas petrolíferas y sus modelos de declinación (ASPO), estiman que quedan reservas al menos para 40 años más por lo menos, coincidiendo con la visión norteamericana, aunque advierten que el problema no es el agotamiento total del petróleo, porque pasarán muchas décadas hasta extraer la última gota de crudo, sino que una vez que se han utilizado la mitad de las reservas de una materia finita y no renovable como el petróleo, el gas natural o el carbón, la cantidad extraída tiende a disminuir inexorablemente. Y, una producción inexorablemente decreciente tropieza frontalmente con un mundo que pretende seguir creciendo a toda costa, por lo cual estimaron que la crisis se produciría cuando la producción no pueda cubrir la demanda (ASPO, 2006).

En esto de las predicciones sobre las reservas de petróleo en el mundo hay muchas escuelas u opiniones: la de los economistas -promotores del libre mercado, que piensan que por tratarse de una *commodity* -materia prima-. el petróleo está sujeto a las fuerzas del mercado-; los ecologistas piensan que

23

cuando se comience a agotar será muy tarde para evitar el daño creado y por tanto proponen conservarlo al máximo y promover energías renovables que lo sustituyan a la brevedad; los geólogos petroleros, independientes y retirados -Hubert, Colin J. Campbell, Jean Laherrère, entre otros-, sostienen que el petróleo alcanzará un tope de producción y comenzará a declinar irremisiblemente, antes de lo que los economistas y políticos creen; los políticos -cuya opinión se considera clave porque definen las políticas energéticas de sus respectivos países y tienden a estar de acuerdo con los economistas, para no perder los votos de sus electores-; las grandes empresas transnacionales productoras de petróleo, no pueden decir la verdad, porque de hacerlo sus acciones caerían de valor inmediatamente; y las empresas estatales -en especial los PetroEstados, como Venezuela, que tienen todo el petróleo del mundo no aparentan tener problemas en sus reservas (González, 2006, p. 1).

En resumen, el agotamiento del petróleo si fuera inexorable, podría ser en el siglo XXI. El análisis crítico de Matthew Simons (2007), por ejemplo, sugiere que el cenit de la producción mundial de petróleo, en yacimientos terrestres, habría llegado ya en 1970 –año en que los EEUU. llegó a su cenit particular de producción-, y que estuvo en el nivel de los 55 millones de barriles diarios, incluyendo el gas licuado y los crudos no convencionales, en tierra. A partir de ese momento, los aumentos de la producción mundial han venido brotando de explotaciones en plataformas marinas, que se han ido alejando de las costas hasta entrar en la calificación de petróleo de aguas profundas -extraído bajo los 500 m-. Además, indican, que la mayor parte de los grandes yacimientos petrolíferos mundiales, o están en declive o en franco declive, y que la diferencia hasta llegar a unos 85 millones de barriles diarios -que se consumen con todos sus conceptos-, se estarían cubriendo con otros productos industriales, como los líquidos del gas natural y las ganancias obtenidos por la actividad en refinerías.

El listado de países que ya claramente han pasado su cenit es sorprendente, llegando incluso a anunciar que el gran campo Ghawar, en Arabia Saudita, también estaría en declive, junto con el Burgan en Kuwait y otros. Para Simmons, la realidad geológica se va imponiendo y forzando al hombre a ir a lugares extremos –según él, síntoma evidente de la escasez-, y utilizar alta tecnología, lo que también tendrá los límites que la física le imponga.

La demanda de petróleo, según Fatih Birol (2007), sube poco en los países desarrollados –OCDE-, y una gran parte del crecimiento de la demanda proviene de China y, en menor medida de la India. China contaba en ese momento con 70 coches por cada mil habitantes, frente a los 680 de Europa y los 860 de los EE.UU., por lo que se pregunta si los chinos quisieran alcanzar el nivel de equipamiento de las naciones occidentales, ¿qué sucedería? Según Birol, el porcentaje de declive medio de los yacimientos actuales es de un 8% anual. Arabia Saudita es capaz de alcanzar una producción de 15 millones de barriles diarios hacia el 2015 -frente a los 12 mbd de hoy-, de acuerdo con los compromisos dichos por su ministro del petróleo, Ali Al-Nouaïmi. Aun así, esos 3 mbd adicionales podrían ser todo lo que se puede esperar para enfrentar un aumento de la demanda. El otro país que entró fue Irak, de manera exponencial hacia el 2015, igual que Libia y otros países petroleros liberados en la primavera árabe, pero China crecerá muy rápidamente e India también, y lo que Arabia Saudita proyecta no sería suficiente para responder al aumento de la demanda en China.

Estas proyecciones no sólo afectarían el abastecimiento de petróleo mundial sino que también hacen más difícil la situación con respecto al calentamiento global, por lo que la opinión generalizada es que si se quiere solucionar el problema del calentamiento global, es imposible hacerlo sin incluir restricciones a la India, a China -que se ha convertido recientemente en el primer emisor mundial de gases de efecto invernadero y que "en año y medio podría emitir el 20% de las emisiones que Europa pretende evitar"-, aunque la principal preocupación del gobierno chino "es el crecimiento económico, también lo es el medio ambiente, pero los problemas locales les preocupan más". También este recuento incluye a Rusia y a otros países emergentes, como Brasil.

La sociedad debe prepararse para afrontar esta situación u otra en torno a la producción y mercado petrolero. En términos de precios, y para ilustrar el cambio significativo que se presentaría en el siglo XXI, Ramón Espinasa (2009, p2-2), experto venezolano, señala que el precio promedio del petróleo durante el siglo XX fue de 20 dólares por barril en Venezuela, pero que para el siguiente siglo este podría ser mejor, así como también vendría un agotamiento general de las reservas, luego de más de dos décadas de expansión y producción del Mar del Norte y de México.

A nivel mundial, en términos de crudos "convencionales", lo que queda para diferir es la producción futura de los países pertenecientes a la OPEP, y respecto de las expectativas de los crudos "no convencionales" –como los de la Faja Petrolífera del Orinoco, las Arenas Bituminosas en Alberta, Canadá, las complejas aguas profundas de Brasil y las lutitas petrolíferas que existen en los EE. UU.-, habrá que esperar que su producción alcance un precio de equilibrio comercial y resuelva algunos problemas ambientales y ecológicos relacionados con su explotación, los requerimientos energéticos -el balance de energía para producirlos-, de agua potable -en forma de vapor- para mejorarlos; su transporte a las plantas de mejoramiento -por tubería, diluidos, por oleoductos o por tanqueros-; Como se observa, estos problemas sobrepasan lo meramente económico, geológico, y el factor tiempo en que la sociedad necesitará los productos derivados de esos crudos futuros.

El caso de Venezuela también es crítico en materia de la declinación de sus campos tradicionales, según informan expertos. La Cuenca de Maracaibo está en franca declinación en la producción de sus campos emblemáticos: Mene Grande, Cabimas, Tía Juana, Lagunillas, Bachaquero, La Concepción y La Paz, con niveles de agotamiento entre 72 y 93%. Inclusive, los campos desarrollados después de las últimas entregas de concesiones a mediados de los años cincuenta están disminuyendo su producción. En la cuenca Oriental la situación es similar. Sus tradicionales campos Oficina, Santa Rosa, Mata, Nipa y Quiriquire, han declinado entre 67% y 100%, entre 1970 y 2003. Inclusive, el gran campo El Furrial, que comenzó producción comercial en 1986, alcanzó su tope de producción en 1998 -453 mbd- y en 2003 produjo 343,3 mbd, con una disminución de producción de 24,3% en apenas 5 años (Ibid.).

Igualmente, la estatal PDVSA, debido a la voracidad fiscal del gobierno bolivariano, ha focalizado con prioridad el llamado a licitación para bloques en la llamada Faja del Orinoco tanto a empresas nacionales como a transnacionales –por primera vez de este gobierno-, flexibilizando ahora el esquema fiscal, al reducir la tasa de regalías de 30% a 20% -permitido por los artículos 44 y 48 de la ley de hidrocarburos con el fin de hacer rentables los proyectos-, y rebajar o eliminar otros tributos como el impuesto a las ganancias súbitas, aunque mantiene que en las nuevas empresas PDVSA poseerá el 60% de participación o mayor de 50% y el resto para sus socios (Quintero, 2010, pp. 10-11).

El cenit del petróleo, además, se enmarcará en el contexto del inicio de los tiempos en los que la humanidad se va a enfrentar al progresivo agotamiento de muchos recursos básicos y materias primas y tal como lo dijera Colin J. Cambell, alto ejecutivo de la empresa Total, "si las cifras reales –de las reservas petroleras- fueran publicadas hoy, cundiría el pánico en la bolsa… al final eso a nadie le conviene (Cuevas, 2010, p. 16).

La reconversión energética mundial

Durante los años 2012-13, la Agencia de Energía de los Estados Unidos (EIA) anunciaba que el país pasaba ser el mayor productor mundial de hidrocarburos -petróleo y gas natural-, superando a Rusia y Arabia Saudita. Esto se lograba por las persistentes investigaciones de George Mitchell un antiguo petrolero cuya idea de que aún quedaba petróleo atrapado en formaciones rocosas sedimentarias debajo de la superficie, lutitas, logró liberarlas inyectando fluidos a alta presión en el suelo para fracturar hidráulicamente la roca y crear las vías de escape para el crudo y el gas atrapado (fracking), que luego pudo vender comercialmente, cuyo valor rentable difícil de predecir se calcula oscilaría entre 45-50 USD por barril, según su estructura de costos y créditos recibidos, lo cual coloca en difícil posición a los crudos convencionales, que buscan elevar o estabilizar el valor. Con esta técnica se logró alcanzar desde el 2011 importantes incrementos en la producción de gas -176 mil barriles de petróleo equivalente diarios (mbped)-, y crudo -700 mil barriles diarios (mbd) -además, con este método de producción se abastece actualmente el combustible del 30 por ciento de la generación eléctrica y la mitad de la calefacción de los hogares en Estados Unidos; y con los nuevos descubrimientos de gas convencional ha permitido incrementar las reservas mundiales de gas de 50 a 200 años. En resumen, el 90% de sus necesidades energéticas.

La abundancia en recursos de gas natural está cambiando el patrón de consumo energético en los medios de transporte, camiones que consumen tres millones de barriles 30 por ciento de la flota de camiones de motores diesel a gas para el 2020. Este mismo esfuerzo de cambio de patrón sucede en barcos, centrales eléctricas, plantas petroquímicas y sistemas de calefacción doméstica e industrial; desplazando unos cuantos millones de barriles de petróleo por día a finales de la década.

El resurgimiento de Estados Unidos como principal productor de petróleo y gas introduce cambios en la ecuación petrolera e impacta sensiblemente en la estabilidad de los precios del crudo. Arabia Saudita seguiría desempeñando un papel único y vital en los mercados mundiales del petróleo; ya que es el único productor de petróleo con capacidad ociosa de producción de petróleo para equilibrar el mercado mundial en respuesta a la demanda de suministro o cambios. El resultado es un precio del petróleo más estable. La clave es tener una diversidad de ofertas para satisfacer la necesidad mundial de energía. Por ejemplo, se maneja un insistentemente escenario posible con el precio del crudo marcador Brent que podría ubicarse en una banda óptima de 90 -110 dólares el barril para los próximos años y entre 60-70 el West Texas, es decir, un precio que permitiría incentivar la inversión en nuevas técnicas de producción.

Esta estabilidad de los precios traerá consigo ganadores y perdedores. Varios países productores como Venezuela y Nigeria, que dependen en gran medida de los ingresos petroleros para financiar las políticas populistas-clientelar, pueden entrar en un estado de shock ante la nueva realidad. Venezuela, el año 2012 bajó a ocupar el segundo lugar como mayor productor de hidrocarburos líquidos en Sur América detrás de Brasil, el nuevo gigante (de La Cruz. 2013).

El impacto estructural sobre los precios del petróleo de la reconversión energética llevará tiempo. Hasta ahora los cambios en el balance energético mundial no han desplazado al petróleo de manera significativa. Su participación ha disminuido de 36% en 1960 a 34 % en 2014, y que por si se produjera a una rápida difusión de las energías renovables, caería a 28,4% en 2035. Por tanto, se estima que vendría una gradual disminución en el petróleo, gas y nuevas energías en el balance energético mundial. Es probable que los factores geopolíticos tengan mayor relevancia, como los convenios internacionales sobre el calentamiento global y otros, que buscan acuerdos políticos de grandes potencias para lograr una sustitución de los combustibles fósiles en la generación de energía, aunque el petróleo barato y abundante actual haga poco rentable abrir nuevas fuentes de energía.

Otras fuentes alternas de energía

La alternativa de buscar otras fuentes de energía basadas en recursos finitos no renovables -principalmente gas, petróleo, carbón y fisión nuclear-, aun generando problemas de contaminación, aporta el 86% del consumo de energía global. Ninguna de las demás fuentes de energía conocidas pueden desarrollarse a tiempo como para acercarse a la gran cantidad de energía que se requiere si la población mundial, la economía y el desarrollo de los países continúan creciendo al ritmo actual, aparte de tener claro que las fuentes de energía renovables que se mencionan se sirven para su implantación de la energía y materiales proporcionados por el propio petróleo, por lo que al escasear éste o ser muy costoso, su instalación resultará aún más costosa y complicada.

Igualmente, se deben descontar dos situaciones críticas: primero, que actualmente no se dispone de ninguna fuente de energía que pueda sustituir al petróleo completamente: como combustible para el transporte -más de 800 millones de coches, camiones, aviones, barcos y otros similares circulan en el mundo-; y segundo, que actualmente tampoco se dispone de ninguna alternativa para sustituir al petróleo como materia prima en la fabricación de los más de 3.000 productos derivados del mismo, que son esenciales en la industria y en el modo de vida actual.

En cuanto a las energías solar y eólica, significan respectivamente tan sólo el 0,006 y el 0,07 % de la producción energética mundial, pese a estar fuertemente subvencionadas. Las restantes energías renovables, como las mareas o la geotérmica, todavía suponen menos proporción. Las energías renovables presentan diversas dificultades, pues la energía que proporcionan varía mucho de unas zonas a otras, son muy dependiente de las condiciones externas -atmosféricas, transcurso del día y la noche-, no se puede almacenar o transportar fácilmente como el petróleo o el gas natural -las baterías son caras y voluminosas y se desgastan al cabo de 5 a 10 años-, y su implantación masiva requeriría una gran ocupación de espacios sobre los que se generarían diversos impactos. Además, para su implantación necesitan del petróleo, que ha sido quien ha posibilitado su incipiente desarrollo, al utilizarse tanto como materia prima como en forma de energía requerida para construir la infraestructura que llevan aparejada y la fabricación, almacenaje y transporte de los materiales empleados. Aún así, dado que la energía solar tiene un alto potencial de suministro, estimado en casi cuatro veces más de lo que la tierra y sus habitantes requieren en la actualidad (2011), estimaciones recientes señalan que en los Estados Unidos la energía solar ha ido ganando terreno y que en el corto plazo competiría en precios con las energías tradicionales (Sucre, 2011, p. 4-6).

Sobre la biomasa y biocombustibles, los residuos agrícolas y de la explotación maderera, estos han sido y siguen siendo una útil fuente de energía local y renovable para pequeñas comunidades, especialmente en los países pobres, que les permite reducir su dependencia de otras fuentes como el petróleo. También se pueden obtener biocombustibles para vehículos a partir de aceites vegetales o de desechos forestales que, al igual que en el caso del hidrógeno, se anuncian como combustibles del futuro. Pero hay que tener en cuenta que los biocombustibles no tienen las prestaciones de la gasolina y que, una vez más, hace falta mucha energía para todo el proceso de producción -siembra, cuidado, fertilización, regadío, cosecha, transporte y procesamiento-, que alteran el equilibrio hídrico y requieren energía que en la actualidad se obtiene del petróleo.

Petróleo y cambio climático

La energía del planeta, salvo la que generan los terremotos y volcanes, procede de forma directa o indirecta del sol. Los vegetales toman la energía del sol a través de la fotosíntesis, absorbiendo carbono de la atmósfera, produciendo los hidratos de carbono que constituyen sus organismos y emitiendo oxígeno a la atmósfera. Los animales se nutren de estos hidratos de carbono y respiran el oxígeno a la atmósfera. A lo largo de millones de años la materia orgánica de plantas y animales, rica en carbono, ha ido quedando enterrada en el subsuelo mediante procesos físico-químicos y se ha ido transformando lentamente en diversos compuestos orgánicos sólidos –carbón-, líquidos –petróleo- y gaseosos -gas natural-. Éste es el motivo por el que estos compuestos son únicos en la naturaleza y constituyen una acumulación de energía fácil de explotar. Hace unos 250 años el ser humano comienza a quemar dichos compuestos para aprovecharse de la energía almacenada en ellos, esta fue la Revolución Industrial, en la modernidad, en un proceso que consiste en extraerlos del subsuelo, quemarlos y devolverlos a la atmósfera en forma de gases. Estas reservas de combustibles fósiles expulsadas han ido produciendo un incremento de las concentraciones de gases en la atmósfera, en un proceso sin precedentes en la evolución de la tierra. La energía obtenida de estas fuentes fósiles contribuyó al aumento explosivo de la población mundial y posibilitó un modo de vida basado en un elevado consumo energético. En la reunión de Kyoto (1998), 159 países se reunieron para debatir programas ecológicos ambiciosos tendientes a dar solución al calentamiento global, en lo cual el petróleo era el villano invitado, culpable de las emisiones de CO_2. El resultado fue una serie de condiciones inalcanzables para los países desarrollados, exigiendo para el 2012 la reducción del 12% de las emisiones en Estados Unidos y de 8% en Europa, acuerdo que para los legisladores de esos países les resultaba poco probable de cumplir y de aprobar, además de que 136 países no tendrían que reducir sus emisiones –sólo controlarlas-, aunque por otra parte, se abrió la posibilidad de hacer convenios con sumideros o intercambios de cuotas de emisión con países de bajas emisiones, reemplazar productos con alto contenido de carbono por gas natural, que genera un 41% menos de CO_2 que el carbón y un 28% menos que los crudos utilizados en calefacción, o bien, duplicar el uso de la energía renovable como los sistemas solares hasta llegar a un 12% en 2012.

En este punto se encuentra la humanidad. Con un alto incremento en las concentraciones atmosféricas de los gases producto de su combustión, especialmente del CO_2, que tiene la propiedad de actuar como un protector tipo "invernadero" para la radiación infrarroja que emite la tierra, por lo que los expertos consideran que genera un calentamiento atmosférico global, que puede intensificarse los próximos años.

Esta es la razón por la que todo el mundo habla el cambio climático. Su grave efecto se da por el hecho de que las emisiones de gases invernadero expulsadas a la atmósfera y producidas por la industria moderna están provocando un calentamiento del clima en la tierra con consecuencias demoledoras para el futuro de la vida. Sin embargo, se nota poco esfuerzo por entender esto y cambiar las prácticas de producción industrial y de vida, y en el mejor de los casos, apenas se comienza a dar pasos para responder a esta amenaza. Esto es lo que Anthony Giddens (2010) ha observado -y aclara enunciando lo que se ha denominado "la paradoja de Giddens"-, la cual explica que como los peligros que representa el cambio climático global no son tangibles, ni inmediatos, ni aparentemente visibles en la vida cotidiana, por muy terribles que puedan ser o parecer, la gente se cruza de brazos y no hacen nada al respecto.

Este autor se inscribe dentro de los partidario de la alternativa creada por el Presidente estadounidense Barack Obama, denominada el *New Deal climático*, en el cual se contempla realizar inversiones tecnológicas que produzcan pocas emisiones de dióxido de carbono, el aislamiento de edificaciones, el uso masivo del transporte público, redefinir un nivel de vida aceptable, reducir emisiones de gas de invernadero en un 80%, para 2050 y, muy especialmente, la reducción de la dependencia del crudo importado. Giddens (2009a) afirma que "nos encontramos en el punto culminante de una gran revolución, la de la inminente desaparición de la economía dependiente del crudo", aunque estas medidas afectarían notablemente el empleo.

Vale la pena recordar al tratar este tema, que ya entre 1977 y 1985 la economía estadounidense creció en 27% del PIB, mientras el consumo de petróleo disminuyó un 17%, las importaciones de crudo disminuyeron un 50%, las importaciones del Golfo Pérsico cayeron en 87% y la participación de la OPEP bajó de 52% a 30%, en tanto que su producción se redujo un 48%, todo esto debido a un cambio tecnológico en las políticas de fabricación de los motores de automóviles que lograron una eficiencia mayor del 96% en el consumo de petróleo –y sólo un 4% debido a reducción de su tamaño- (Giusti, 2008).

En relación a la situación creada por la crisis financiera global de 2009, en una conferencia efectuada en Cataluña, sobre la Europa de la crisis, Giddens (2009b) planteó que "estamos inmersos en tres crisis: recesión mundial, cambio climático y crisis energética. La primera oculta la auténtica dimensión de las otras dos y no nos deja ver claro que hay que invertir en economías poco contaminantes, es decir, en innovación y energías renovables", lo cual obliga a repensar el tipo de sociedad y de economía que se requiere en el futuro. En esto, se corrobora lo dicho por otros expertos en el sentido que, por encima de cierto nivel de prosperidad, el crecimiento no conduce a un mayor bienestar personal y social, por lo cual se sugiere agregarle al PIB criterios más equilibrados para apreciar el bienestar social, a la vez que esto plantea una seria crítica al consumismo y a su peso político, para lo cual señala que "tenemos que encontrar un nuevo papel para el gobierno, pero también para los mecanismos del mercado... Al final nos topamos con el origen de todo esto, la globalización, que ha avanzado a marchas forzadas sin someterse a los adecuados controles internacionales" (Ibid.).

En lo práctico, Giddens (2010, p. 4) propone desarrollar cuatro líneas maestras para controlar el cambio climático:

(1) Manejo del riesgo en los niveles de urgencia y severidad de acuerdo al problema; (2) Volver a la planificación, especialmente a largo plazo, aprendiendo del pasado en lo referente a intervencionismo y mercado; (3) Crear políticas públicas de consenso para la acción, sin afectar las culturas democráticas en el largo plazo; y (4) Cuidarse de las implicaciones de una justicia social derivadas del costo del cambio climático, de modo que su impacto respete la equidad de grupos sociales claves y no castigue a los menos afortunados.

CAPÍTULO SEGUNDO. DE LA VENEZUELA PRE-PETROLERA A LA ERA PETROLERA

> El colapso del modo de vida basado en la
> renta petrolera, anunciado hacia 1977-1978,
> hizo así propicia la emergencia de un
> fascinante temario.
> Asdrúbal Baptista (2004)

> Algún día, pienso, alguien podría preguntar
> ¿Y qué hicieron esos, los que estaban en
> Venezuela en ese duro tiempo? Yo no
> puedo resistir esto y te agradezco esta
> entrevista, amigo, ojalá sirva para algo.
> Luis Chesney Lawrence (2005)

Hablar del petróleo en Venezuela conduce directa e inevitablemente a tratar temas de su economía y, muy especialmente, del nuevo modelo de desarrollo que se inició con la utilización de este recurso, así como de sus efectos en la sociedad. En este capítulo se hablará preferentemente de lo primero, sobre las características generales de la producción petrolera, sobre los principales actores que tuvieron relevancia en la formulación de una política petrolera para el país, y sobre la empresa PDVSA.

La Venezuela pre-petrolera

La Venezuela pre-petrolera o sin petróleo, conformaba un caso inconfundible de una estructura económica, política y social muy atrasada. En los hechos, todos los autores consultados opinan en forma unánime que era ésta una de las naciones más pobres de la América Latina. Todos los indicadores de atraso signaban a la sociedad venezolana y a la vida era miserable que padecía un altísimo porcentaje de la población, con excepción de pequeñas elites de terratenientes y comerciantes

37

importadores. Era una economía fundamentalmente agraria y de subsistencia, con relaciones y métodos de producción semi-feudales y precapitalistas, que retribuía el trabajo con especies y que utilizaba la medianería como forma principal de relación entre el propietario de la tierra y el campesino. Sin embargo, debe decirse que en esta estructura productiva agraria primaria las relaciones de trabajo generaron una renta interna de la tierra, pequeña en relación al valor de la producción, aunque como señala Silva Michelena (2006, p. 10), "gravosa para los trabajadores del campo"; en cambio, al igual de lo que ocurre con el petróleo, una parte significativa de la producción agrícola se transaba en el mercado internacional, lo cual generó además una renta internacional al propietario privado del suelo, con sus respectivas consecuencia en su distribución.

La clase terrateniente, muy pequeña en número, ejercía el predominio del poder económico y político, asociada a los caudillos semiletrados que generalmente provenían de ella misma y que en algunos casos excepcionales, perteneciendo a los estratos inferiores de la sociedad, se asimilaban luego con estas clases altas.

Como producto de esta conformación social y económica atrasada, predominaba una gran inestabilidad política e ineficientes instituciones del Estado. No existían en esa Venezuela pre-petrolera instituciones políticas, económicas, profesionales o sindicales usuales bien establecidas. Entre otras características sociales del atraso y del subdesarrollo, imperaban las enfermedades endémicas, junto a un bajo promedio de vida, mínimo ingreso por persona, no existía desarrollo científico ni tecnológico, ni mucho menos investigación, las exportaciones y el ingreso de divisas se sustentaban en dos o tres productos primarios de origen agropecuario y, por último, la sociedad estaba dividida en dos clases muy marcados: la elite terrateniente y comerciante y la inmensa población marginal campesina que habitaba aldeas y pequeñas poblaciones (Hernández Grisanti, 1974).

La pobreza de ese país tal vez era la mayor del continente. Era un país rural –base misma de la miseria-, lo que significaba que ésa era una sociedad insalubre, dispersa, analfabeta, inepta, sin afecto por la democracia ni por el crecimiento económico o por el progreso material. El censo de 1894 daba la cifra de 1.570 profesionales de la medicina y la esperanza de vida estaba se encontraba entre los 31 y 34 años. En palabras de Arturo Úslar Pietri (1948/2006, p. 20), "[de] la guerra de independencia, con toda su secuencia de transformaciones... salió un poco más pobre y dividida, la misma Venezuela anterior: un país de reducida vida agrícola, una economía de plantación y de comercio exportador", o como expresa Asdrúbal Baptista (2004, p. 30), "era una sociedad inmóvil, detenida, estancada, carente de la vitalidad necesaria para encarar la gran tarea de hacer el progreso material y económico". La crisis que vino después de la Primera guerra mundial, a fines de los años veinte del siglo XX, golpeó duramente a las exportaciones agrícolas venezolanas –cacao y café, preferentemente-, por sobre oferta de los países productores, pero que en el caso del petróleo, su demanda apenas sufrió estancamiento, las estadísticas entre los años 1920 y 1933 muestran que la exportaciones agrícolas cayeron de Bs. 168 millones a Bs. 72 millones y las petroleras crecieron de Bs. 3 millones a Bs. 539 millones, lo cual muestra la importancia que va adquiriendo este nuevo recurso (Espinasa y Mommer, 1987, p. 477).

Como puede verse, el petróleo haría cambiar fundamentalmente la situación de la estructura productiva del país y la del mundo. Si se observa que este cambio surge luego de noventa años a la deriva, se podrá advertir cómo de la noche a la mañana, por así decirlo, la sociedad venezolana se desborda e impacienta ante un nuevo proceso técnico y económico que se organiza y ajusta en forma externa a ella.

La era petrolera

Ya en 1913, las Memorias del Ministerio de Fomento anunciaban la incorporación del petróleo como "una nueva fuente de producción rentística que no tardará en ser de la mayor importancia... el petróleo, ese codiciado combustible que las condiciones del progreso industrial hacen ya indispensable, ha dejado de ser tesoro escondido en las entrañas de la tierra venezolana" (Cit. por Dávila, 2005, p. 364), y en 1926, este recurso desplaza al café, que había sido hasta ese entonces el gran producto de exportación.

Era éste el fin de la cultura agraria, que llevaba cuatro siglos de historia y se descubre el inicio de una nueva cultura que absorberá a la sociedad venezolana.

Como lo expresa Grisanti (1974), el desarrollo petrolero va gradualmente convirtiendo a Venezuela en un país subdesarrollado pero atípico y desequilibrado, debido a su pasado infortunado. La economía venezolana exporta al mercado mundial mercancías por un alto valor en dinero, lo que se traduce en un elevado ingreso de divisas y en una alta capacidad importadora, aunque seguirá siendo una economía atrasada con algunas características particulares como fueron:

(1) ser país exportador de materias primas de origen mineral e iniciador de un proceso industrial dependiente de capitales e insumos importados; 2) ser un país mono-exportador y dependiente de las fluctuaciones del mercado externo, situación que se corregirá en los años setenta con la intervención de la OPEP; 3) país carente de una economía industrial y de un proceso económico y social que

se sostenga en el tiempo, que genere empleo productivo y que tenga capacidad técnica y profesional; 4) ser un país que no realiza investigación científica ni crea tecnología propia para su desarrollo económico; y 5) ser un país con fuerte desequilibrio social, "atribuible al tipo de economía minera y de azar que signa la vida del país y también al elevado valor del producto que exporta" (p. 37).

Entre 1920 y 1945 se produce lo que Sergio Aranda (1977, pp. 76-78) define como los años de transición hacia una economía más pujante, en donde caduca lo viejo aunque no se percibe con claridad lo nuevo, y no es sólo a consecuencia de la aparición del petróleo, sino en sus aspectos sociales y culturales: el estado comienza a imponerse, la burguesía urbana entra en las distintas esferas del poder, la agricultura se recupera entre 1920-21, pero que con la crisis mundial de 1929 vuelva a entrar en crisis por un período de otros 15 años, pero la producción petrolera se incrementa rápidamente y a partir de 1930 las exportaciones petroleras sobrepasan los 500 mil bd, cien veces más que en 1920 con 60% de exportaciones. Por esta razón, este período, se divide en dos partes: 1920-1929 y 1930-1945.

Huelga decir, que gran parte de los crecientes ingresos públicos recibidos por la dictadura los destinó a reforzar su aparato represivo, a ampliar la burocracia estatal y en menor media a la producción u obras públicas.

Los ingentes ingresos que se reciben en el país por concepto de la exportación de petróleo, que desde 1928 se había transformado ya en el primer exportador mundial, cambio la geografía humana el país en función de esta nueva industria que emergía, como señala Baptista, "necesita del desplazamiento de la población desde zonas rurales hacia las áreas de concentración urbana… que no le costó al país un sólo muerto", y esto naturalmente creó la idea de que éste era el nuevo tesoro que el país esperaba (Cit. por Pérez, 2011, p. 136). Esta situación del desarrollo descrita generará una cultura la cual careció de instrumentos oportunos de análisis y una atenta comprensión de esta nueva realidad.

Los proyectos fundacionales

Es en esta situación que emergerán las figuras de algunos intelectuales muy calificados que dieron su opinión orientadora sobre este nuevo contexto que vivía el país, que con el tiempo ha tenido amplia repercusión en el devenir del país. Entre éstos personajes se encuentran Alberto Adriani, Arturo Úslar Pietri, Juan Pablo Pérez Alfonso y Rómulo Gallegos, entre otros, de los cuales se reconocerán sus principales ideas, símiles de un proyecto de país, en torno a su utilización y que revelan el ambiente cultural que circundaba en este tiempo en torno a este recurso.

Alberto Adriani

Ha sido considerado el primer economista nacional en el sentido estricto del término, tenía una formación profesional de corte fisiócrata, y quien como ministro de Agricultura no sólo precisó que "nuestra agricultura es rudimentaria", sino que, siguiendo sus principios, pensaba que "la agricultura y la cría son hoy y serán mañana las bases principales de la prosperidad y grandeza del país", especialmente con el café que él destacaba (Silva Michelena, p. 37). Esta idea define con claridad el contenido del proyecto nacional de Adriani que intentaba modernizaría al país. Sin embargo, advirtió también, aún dentro del marco de políticas propuestas para hacer un país poderosamente agroexportador –téngase en mente el caso de la Compañía Guipuzcoana-, que él vislumbraba la entrada de la inversión externa petrolera, aunque advirtiendo, como observa Baptista (2004, p. 247), que el país se encontraba "sin tener lo medios sociales para controlar la presencia en sus playas de esos hombres y de esos capitales que a ella van a acudir". Por esta última razón, su preocupación por este control, pensaba que la debía abordar directamente el Estado, "es necesario que el Estado liderice el proceso... ese Estado tiene que ser fuerte... pero ese Estado fuerte no es un gobierno tiránico". Esto significó dos cosas, que era preciso poner fin al liberalismo económico de la era gomecista y que, desde el inicio de esta historia del petróleo, se le asignaba al Estado la tarea de formar el nuevo mercado nacional.

A pesar de esto, en su proyecto nacional no se encontraba incluida la economía petrolera. Como puntualiza Héctor Silva Michelena (2006, p. 38) al mostrar la imagen petrolera que proyectaba era "desde el punto de vista económico, una provincia extranjera enclavada en el territorio nacional; y ejerce una influencia relativamente insignificante en la prosperidad económica de nuestro país... no insistamos sobre el petróleo", y como remarca Baptista, pensaba que "el petróleo vamos a dejarlo de lado" (Ibid.).

Arturo Úslar Pietri

En el editorial del diario *Ahora*, en Julio de 1936, Úslar Pietri, imbuido en el mismo espíritu de Adriani, estampó la frase que se ha seguido utilizando ampliamente en el tiempo, "sembrar el petróleo", con lo cual planteaba claramente que "el problema venezolano es el petróleo", aunque como advierte Baptista, "Úslar en esto está siendo perfectamente fisiocrático" (Ibid., p. 248), por cuanto le asignaba a la agricultura un rol de "economía reproductiva y progresiva", en tanto que a la minería le asignaba el rol de "economía destructiva" y efímera (Silva Michelena, p. 40).

Su relación profesional con Adriani tiene este trasfondo económico e ideológico, dentro del cual el desarrollo del país iría por la vía de ser primero una potencia agropecuaria, eficiente, exportadora, pero por sobre todo, de la mano del Estado; dice Úslar en 1945, "la cuestión vital no es saber si el Estado debe intervenir o no debe intervenir, sino la de crear una vida económica propia y creciente... no hay sino una única opción: el Estado debe liderar el proceso de conformación del mercado" (Baptista, 2004, p. 247).

El significado de esta divisa siempre ha estado difuso. El proyecto de país de Úslar Pietri que se sugiere en esta frase de sembrar es elusivo, porque como señala Luis Xavier Grisanti (2006-7), Úslar Pietri "nunca elaboró conceptualmente un modelo de desarrollo que definiera cómo y qué se debía hacer para lograr la siembra el petróleo", aunque su postura como intelectual y pedagogo podría ayudar a definir lo que deseaba para los venezolanos cuando deseaba que fueran "hombres y mujeres de trabajo, disciplinados, honestos, ilustrados y emprendedores, en ejercicio pleno de sus libertades civiles y de comercio dentro de una democracia pluralista y socialmente equitativa" (Ibid.). También él observó que como Venezuela no podría integrarse a la actividad productora internacional de inmediato, optó resueltamente por la vía rentista, lo cual tuvo consecuencias desastrosas para la actividad agroexportadora, debido a que el ingreso petrolero rentista tendía a producir un aumento del consumo y a desplomar las actividades tradicionales, por lo que se concluye que en vez de llegar a ser una fuente de acumulación de capital, encaminaría al país hacia una existencia más bien rentista.

Esto indicaría que la idea de Úslar Pietri era simplemente que había que utilizar el petróleo como fuente de inversión, en equipos, maquinaria, tecnología y en otros factores de la producción para generar riqueza. Inversión reproductiva. Sin embargo, a pesar de lo dicho, ésta fue la primera visión concreta de un proyecto nacional en la contemporaneidad venezolana que se centraba en el petróleo. En este sentido, abonó el terreno para sembrar el llamado capitalismo de Estado durante el gobierno del General Medina Angarita (1943), en donde manifestó que:

El capitalismo de Estado, que es muy importante en Venezuela, y por el cual la nación en función de promotores industriales y en función de gran banquero, como irónicamente se ha querido decir por allí, ha estado apartando dinero barato para que se funden industrias, para que se emprendan labores agrícolas, para que algo de la riqueza petrolera quede y arraigue en tierra venezolana; la prima de exportación, el dólar-fruto, el sistema que ha establecido el control de cambio y que permite que Venezuela siga exportando café y cacao... y por último, la legislación obrera, el seguro social, la jornada de ocho horas y la protección del capital humano de la República" (Rivas, 1992, p. 94).

Durante las décadas de los años cincuenta, sesenta y parte de los setenta, Úslar Pietri siguió manteniendo una posición estatista e intervencionista. El capitalismo de Estado creció considerablemente en la década del setenta, como resultado del incremento inusitado de la renta petrolera por la nacionalización de la industria del petróleo y del hierro, y por la creación del Fondo de Inversiones de Venezuela (1974). El país, entonces, tendió en la realidad –como una forma de que su visión se concretaba-, a convertirse en dependiente del petróleo, aunque entendió que había otro camino, cuando observó que lo realizado en la Guayana venezolana en estas últimas décadas, respondía a esa misma preocupación, momento en que dijo, "se ha creado uno de los mayores complejos del mundo para la generación de energía no petrolera y para la producción de bienes distintos e independientes del petróleo. Ese y no otro es

45

el significado de lo que se hace en la Guayana venezolana. Pasar del crecimiento inorgánico subsidiado, al crecimiento orgánico creador de nuevas riquezas" (Ibid., p. 97).

Es en la década del ochenta cuando ocurre un cambio cualitativo evidente en su vieja concepción sobre el estatismo, pasando hacia el liberalismo, como lo señaló en un discurso pronunciado ante el Congreso de la República, el 15 de mayo de 1986, aceptó de manera definitiva el fracaso del capitalismo de Estado y, en consecuencia, encontró necesario buscar una nueva alternativa histórica. La expresión de esa nueva posibilidad para Venezuela era según él, la de sustituir el capitalismo de Estado por una economía libre, sobre lo cual lo explicó mejor en 1989 (pp. 375-376) al expresar, "la experiencia de estos últimos años parece demostrar que para el progreso económico y social de una colectividad se requiere imprescindiblemente de un cierto grado, más alto que bajo, de libertad individual, de una cierta limitación de las interferencias del Estado... la reducción razonable de las trabas de intromisión del Estado", pensamiento que luego volvió a explicar en un documento que entregó al Presidente de la República en 1990, en donde expresa: "sería necesario reducir y adecuar el número de Ministerios a los grandes sectores fundamentales de la administración, llevar adelante la descentralización de la administración pública, desembarazar al Estado de su ineficiencia y costoso papel de empresario fracasado y ruinoso, reemplazar eficazmente el capitalismo de Estado por una economía más libre, más competitiva y más productiva (Ibid, p. 98).

Rómulo Betancourt y Juan Pablo Pérez Alfonzo

A partir de 1945, aparece la segunda gran propuesta de un Proyecto Nacional, en cuyo centro se encuentra Betancourt. De trayectoria como periodista de opinión, deja en su obra *Venezuela, política y petróleo* (1956) una visión completa que como estadista tuvo en esa época que le tocó vivir. Con el golpe de estado del 18 de octubre de 1945, que él encabezó con el fin de cambiar el rumbo autoritario del país, comienza una nueva forma de abordar el problema de la renta petrolera con una visión más política. En síntesis, desde esta perspectiva, más avanzada para el momento, dirá "el Estado ha de ser estimulador, financiador y orientador de las actividades económicas", y luego agregó "vamos a utilizar el ingreso petrolero para que, a través del aumento de los salarios para que, a través el gasto público en la adquisición de servicios personales, ayudemos a conformar el mercado" (p. 247-249).

Vale decir que, para un político de su estatura y proyección, su visión del problema era relevante, cuando pensaba que el ingreso petrolero debía ser destinado, como lo fue en realidad luego, tanto a la inversión como a crear mercado, incluyendo el consumo. Este proyecto de acuerdo con Baptista, fue victorioso, y fue el que buscó "hacer de Venezuela una sociedad de mercado utilizando el ingreso petrolero no sólo como una fuente de inversión, sino también como una fuente de consumo" (p. 249). Esto es lo que se ha denominado la segunda siembra del petróleo.

Por su parte, Pérez Alfonzo, quien también fue un político de inspiración nacionalista y ministro del petróleo de Betancourt, pensaba que esta segunda visión surgía de la lucha democrática y popular de país a partir de 1936, por lo cual la renta debía asumir una responsabilidad reivindicativa, tanto en lo político como en lo económico, que se oponía a las elites gobernantes y al capital extranjero y, en este sentido, habló de una distribución popular de la renta, con lo cual pretendía aislar al sector tradicional de la economía nacional y de esta forma pensaba que se "mejoraba significativamente el capital humano del país y de crear un mercado nacional con un alto poder de compra" (Silva Michelena, p. 43), idea que en la práctica se vio desbordada por el torrente del ingreso petrolero, que transformó al país más bien creando nuevos patrones de consumo y comportamiento propios de una sociedad rentista, que paralizó a las fuerzas productivas. Por esta razón, denominó a esta extraña situación, "la carrera perdida del petróleo", que fue en detrimento de la economía no petrolera que se adscribía a una economía importadora, y cuyo efecto se demostró al observar que los ingresos por exportación de petróleo aumentaron de 1,7% a 92,8% entre 1920 y 1968, con lo cual ahogaron la producción nacional (Pérez Alfonzo, 1971; Chesney, 2007).

No obstante, Betancourt y Pérez Alfonso, pensaron que esta etapa consumista iba a ser breve y transitoria, previa a la de una real absorción productiva, lo que en la práctica se manifestó en forma simultánea, aunque escasa. Para contener este proceso se hacía necesario separar la legitimación de origen de la legitimación de destino del ingreso petrolero, asumiendo el Estado el papel de interventor, idea de la cual surgió el argumento de la conservación de un recurso natural no renovable.

La renta, entonces, se concibió como la contrapartida de un recurso no renovable, agotable, del que nadie tenía derecho a adquirirlo o a beneficiarse, porque era un patrimonio común. Su distribución sería entonces una transferencia, sin contraprestación, de un recurso público, que era preciso suspender. Sin embargo, el Estado terrateniente quedaba asilado al ser un bien común, de nadie, que fue víctima de los intereses particulares los cuales en su afán de enriquecimiento presionaron en contra de la política de conservación del recurso por parte del Estado, a favor de un aumento de la producción con el aparente objeto de abastecer al mercado. Para Pérez Alfonso, al final de sus días, quedaba claro que no había para el petróleo un proyecto nacional viable, y como fuera que el ingreso petrolero se utilizara, bien como inversión o como consumo, sus efectos sobre el desarrollo serían similares. La renta siguió creciendo en esta época hasta conseguir su máximo con la nacionalización en 1976, hecho que marcó el final de esta segunda visión de la siembra del petróleo, que como dice Silva Michelena (p. 50), "sin que se haya tenido claridad conceptual sobre el verdadero carácter de esa siembra".

El desarrollo petrolero 1945 en adelante y sus rupturas

En este período, la situación del petróleo se vio favorecida principalmente por la Segunda guerra mundial, cuando en 1943 se efectuó una reforma profunda a la ley de hidrocarburos, aprovechando las ventajas que daba la coyuntura bélica y en la cual se fijaron nuevas condiciones para el otorgamiento de concesiones, aunque manteniendo la tesis de que el país aún necesitaba inversiones externas. Por esta razón, después del golpe de 1945 -denominada Revolución de Octubre-, la discusión se centró en el tema de "no más concesiones" y del impuesto del "50-50" -o "fifty-fyfty"-, pero la mencionada ley de concesiones no fue derogada por el nuevo gobierno, ni posteriormente por la dictadura perezjimenista, y tampoco por el de la reanudación de la democracia en 1958, aunque sufrió pequeños cambios –sobre los tipos de perforación en 1955 y sobre servicios en 1967-, y sirvió de base en los años setenta para efectuar cambios en el rol que se reserva el Estado en asuntos como el gas natural o la explotación del mercado interno de derivados. El adelanto de la fecha de reversión petrolera en 1971 y, luego, la ley de nacionalización, culminaron el 29 de agosto de 1975 con la aprobación de la nueva ley que le reservó al Estado la industria y el comercio de los hidrocarburos.

El gobierno de 1945 puso el énfasis no tanto en el destino productivo de la siembra del petróleo –entendida como invertir o diversificar-, sino más bien en la distribución –vale decir, el consumo-, de los ingresos petroleros, lo cual mejoraría la economía, renovaría el capital humano a la vez que rendiría frutos políticos, por esa razón se acompañó con el lema "educar, alimentar y domiciliar"-, con lo cual se pretendía consolidar un mercado interno de bienes de consumo con alto poder de compra. Esta parece ser la razón por la cual Luis R. Dávila (2005, p. 384-6) estima que la proyección de esta política fue en el sentido de transformar a aquella sociedad atrasada en una de mercado, hasta cierto punto más moderna -como se verá más adelante al analizar las bonanzas petroleras y la modernidad-, facilitar la movilidad social horizontal y vertical, servir de principio unificador nacional, tratando de que se adquiriera conciencia de ser un país petrolero, con lo cual se "comenzó a generar patrones de comportamiento y a alterar el viejo orden jerárquico con singular impacto sobre el cuerpo social", sentando las bases de una propuesta de índole cultural que perdurará en el imaginario nacional, cual es "que el petróleo no proviene del trabajo nacional y que, en consecuencia, debemos utilizar el petróleo para construir a Venezuela".

También es importante destacar en este período el crecimiento muy significativo que tuvo la producción e ingresos petroleros entre 1945-1957 -luego de la aprobación de la ley de hidrocarburos en 1943, vigente hasta 2001 y antecesora de los acuerdos del 50-50-. La producción física, según los anuarios el Ministerio de Minas e Hidrocarburos de la época, subió de 257 y 323 millones de barriles al año entre 1944-1945, y fue de 899 y 1014 millones entre 1956 y 1957, respectivamente. A su vez, los ingresos por exportación petrolera, crecieron de Bs. 1057 a 1025 millones en 1944 y 1945, y de Bs. 3108 y 3822 en 1956 y 1957. (Aranda, 1977, pp. 111-159).

Es decir, entre 1945 y 1957, la producción subió de 257 a 1014 millones de bd, casi 400%. Los ingresos subieron entre 1945 a 1957 de Bs. 1057 a Bs. 3822 millones, un poco más de 350%. Por su parte, los ingresos fiscales por concepto del crudo subieron del 53,5% del total en 1945 al 70,7% en 1957 (Ibid.). Estos valores son unos de los más altos crecimientos experimentados por la industria petrolera en el país, junto a los de los años noventa, como se verá más adelante.

Sin embargo, el 19 de diciembre de 1958 se produjo un asombroso viraje en la política petrolera seguida hasta esa fecha, cuando Edgard Sanabria, Presidente de la Junta de Gobierno anunció al país una reforma fiscal que derogaba el famoso impuesto del 50-50, de 1943, de las ganancias de las empresas petroleras -tratando de adelantarse al cambio que proponía Betancourt en su campaña electoral de tener una política petrolera más ajustada a la nueva realidad democrática-, cambiando esta ecuación a 60-40%, a favor de la nación. Esta decisión perturbó visiblemente a las compañías petroleras al punto que el Presidente de Creole calificó la medida como "un tremendo golpe" a la industria y señaló que Venezuela era el primer país en el mundo que rompía el acuerdo del 50-50, presagiándole un futuro incierto. (Arenas, 1996, p. A-4). Desde ese momento en adelante las compañías extranjeras en represalia, paralizaron la inversión fija en el país y, como explica Baptista (2004, p. 326), "las concesionarias comenzaron a abandonar el país hacia finales de los años 50", adelantando su retiro veinte años antes de la nacionalización de la industria petrolera; además, rebajaron entre febrero y abril de 1959, los precios internacionales del petróleo venezolano y del Medio Oriente a través de una sobre producción, redujeron los gastos operacionales de exploración y despidieron a 9.000 trabajadores, impulsando una recesión económica en 1973.

La política de industrialización por sustitución de importaciones que se implementó durante el período 1945-1957 (Aranda, 1977, p. 127), se refuerza luego de la caída de la dictadura y, como una forma de afrontar la crisis dejada por ésta, no varió esencialmente -predominando la de productos tradicionales para el mercado interno. Sin embargo, a poco andar se manifestó lo estrecho del mercado venezolano para producir un crecimiento significativo, por la pequeñez de su población, por su extrema juventud, por la desigualdad en la distribución del ingreso y por la baja productividad, todo lo cual limitaba el consumo interno y la exportación. Por estas razones ya en 1968 esta política se estanca y comienza a declinar, pese a los altos ingresos petroleros.

El boom de precios el petróleo de 1973-74 creó también una aceleración industrial, aunque limitada por las altas importaciones –permitidas para frenar la inflación- y por la presión del capital comercial importador. Esto llevó a la denominada segunda fase de la sustitución de importaciones que se concentró en masivas inversiones en el campo de las industrias básicas, que ahora serían de propiedad del Estado. Se nacionalizaron, con sus debidas indemnizaciones, las minas de hierro (1974), la industria petrolera (1975), ampliación de líneas en la Siderúrgica del Orinoco, aumento de la capacidad de creación de electricidad de la represa del Gurí, instalación de las empresas del aluminio y de bauxita, con las que se constituyó el Complejo de industrias básicas de Guayana, bajo la administración de un Holding estatal bajo la tutela de la Corporación Venezolana de Guayana (CVG). Además, se establecieron las grandes empresas del Complejo petroquímico en Morón, El tablazo y la Petroquímica de Oriente, especialmente con miras a la exportación, que debido a la competencia internacional y por problemas internos limitaron su eficacia (Melcher, 1995).

El problema encontrado en este último período fue que el financiamiento de estos proyectos se hizo con préstamos externos, es decir, endeudamiento a pagar sobre la base del supuesto de un aumento sostenido en los ingresos petroleros a futuros, y de la propia producción de estas empresas. Esto no fue así y esta situación ha sido considerada el inicio de la creciente deuda externa del país. En efecto, el endeudamiento externo público entre 1974-1978, superó los 13.000 millones de dólares –para un total de 30.000 millones de dólares-, considerado en su momento un ingente endeudamiento externo, aunque según el análisis de Miguel Rodríguez (1984, pp.425-430), esto debería explicarse de otra forma,

> … totalmente incorrecto macroeconómicamente hablando, ya que las contrapartidas de nuestra enorme deuda externa no son ni excesivas inversiones ni gasto público, sino activos denominaos en dólares del sector privado en el exterior… [y, por el contrario, el gran ahorrista] en el período 1972-1982 es el sector público, en tanto que el sector privado fue un desahorrista financiero neto… Es fácil comprobar que el endeudamiento público neto al final del período 1974-1978 era prácticamente nulo, ya que todo el incremento en la deuda pública se utiliza para financiar la acumulación de activos de la república en el exterior (reservas, FIV, PDVSA, etc.).

Luego, entre 1980-1981, la considerada errada política del Banco Central de Venezuela, así como el mantenimiento de una paridad cambiaria sobrevaluada para el bolívar hasta febrero de 1983, provocaron, además, salidas masivas de capital privado al exterior. La misma industria petrolera entra en una fase de desinversión que con el tiempo se haría crítica, debido al estado en que las dejaron las empresas concesionarias y a la baja de precios del petróleo en 1982, cuya sobreproducción mundial aceleró estos procesos de tal forma que el viernes 18 de febrero de 1983, denominado viernes negro, el gobierno se vio obligado a devaluar la moneda frente al dólar y a establecer un control de cambio.

Entre 1983 y 1988, continuó esta práctica ya tradicional de aumentar los mermados ingresos petroleros mediante mecanismos de cambio diferencial, subsidios a productos, a bienes de capital, a medicamentos y alimentos y al agotamiento de las reservas internacionales. Esta política, si bien logró controlar la inflación en su momento, redujo los ingresos de las clases medias y bajas y aumentó la corrupción en el nivel gubernamental por el manejo de las divisas.

El nuevo gobierno, que asume en 1989, ante esta situación, se vio forzado a efectuar un ajuste macroeconómico y aceptar la ayuda y condiciones del Fondo Monetario Internacional (FMI), adoptando una serie de medidas severas e inmediatas, como la eliminación de controles, fuerte devaluación el bolívar –de 14,50 a 30 Bs/$-, elevación de la tasa de interés, supresión inmediata de las ventajas creadas anteriormente para contrarrestar la exportación de capitales, así como efectuar un leve aumento en el precio de la gasolina, que literalmente inflamó al país (Melcher, 1995). El resultado de este ajuste fue una inflación creciente, el estancamiento de sueldos y salarios, disminución de la capacidad de compra de las clases medias y bajas y en la práctica la culminación de la última fase de la sustitución de importaciones.

Es el comienzo de la conexión petróleo-rupturas ciudadanas y marca la entrada de ejército en la política venezolana.

La primera ruptura, la ciudadana del pacto social (del 27 de febrero de 1989)

Los hechos hasta aquí relatados, producirán graves disturbios sociales de ahora en adelante, que han hecho sugerir lo que se ha denominado, *las tres rupturas alrededor del petróleo.*

La primera ruptura ciudadana de la nación ha sido la llamada, *del pacto social,* el 27 de febrero de 1989. Este hecho se ha denominado 27F-, y fue una rebelión social surge supuestamente a consecuencia del alza de la gasolina en la mínima cantidad de Bs. 0,25 -de esa fecha-. Luego de estos disturbios, el Presidente Carlos A. Pérez reunió a un grupo de personalidades, la elite del país, llamados los notables, para establecer un Consejo Consultivo que reflexionara sobre esos hechos e hiciera recomendaciones para superar esta crítica coyuntura. Días más tarde, luego de las recomendaciones de este Consejo, el Presidente, a través de la televisión, dio a conocer sus medidas.

La primera decisión fue la de dejar sin efecto el aumento de la gasolina. Toda esta elite reunida en torno al Presidente en ese momento se levantó y aplaudió esta medida porque seguramente comprendieron que tal medida era de una lógica económica y de ser una forma tradicional de ver la relación de esta sociedad con su desconocido petróleo. El propio Úslar Pietri en un artículo en marzo de 1989, tratando de explicar lo sucedido el 27F, decía que las medidas pudieron haber sido con mayor preparación psicológica, con gradualidad y que la inmensa mayoría no había podido comprender ni la magnitud, ni la racionalidad, ni las impostergables imposiciones del cambio. El hábito del paternalismo, frustraciones viejas, resentimientos sociales, desigualdades chocantes, ejemplos desmoralizantes, los intereses de sectores privilegiados, la codicia, fueron identificados como los verdaderos ingredientes de aquella explosión social.

Curiosamente, en la cronología del contexto de 1989 no sólo figura el alzamiento del 27F, sino que también se reseña que el 30 de noviembre de ese mismo año la inteligencia militar devela una conspiración castrense dirigida por el pseudónimo Zeus, formada por un grupo del Ejército, "todos con grado de mayor", cuyos integrantes fueron apresados e interrogados, solicitándose para ellos un Consejo de investigación que el Presidente no autorizó por falta pruebas. Este incidente fue conocido como "La noche de los mayores" (Rivero, 2010, p.151).

Moisés Naim, Ministro de Fomento de aquel gobierno en entrevista sostenida en 2009 sobre este tema del 27F, reflexionaba acerca de los juicios críticos emitidos por líderes y elites aludidos en párrafos previos, que opinaban que la aplicación de las medias tomadas eran un ajuste de choque predestinado a tener las espinosas renuencias sociales, económicas y culturales que tuvo esa política, como lo escribió Mirtha Rivero (2010) en su entrevista,

La gente no entendía ni aceptaba que no había alternativas… al final la realidad era que no había dinero. Punto.

No había cómo seguir dando dólares de Recadi a una tasa artificial, ya no se podía proteger más a las industrias ineficientes del país o subsidiar a empresas del Estado que cada año perdían cantidades obscenas de dinero, ni mantener un sector público gigante e inoperante que empobrecía a todos (p. 125).

… El país no tenía opciones… Pero esta explicación que acabo de dar jamás fue aceptada por quienes criticaban la política económica. Todos proponían el gradualismo … Eso, en la práctica quería decir subsidios y protecciones para los intereses que representaban y *Shock* para el resto del país... Ese debate de *shock* versus gradualismo, en realidad, era un debate absolutamente hipócrita, tendencioso y teatral. No había la opción de hacerlo diferente.

Era una sociedad que llevaba demasiadas décadas acostumbrada a una manera de hacer las cosas, y sacarlas de sus comodidades y de sus arreglos era muy difícil. Acuérdate que esta era una sociedad que no lograba, por ejemplo, ponerse de acuerdo para hacer cosas tan obvias como privatizar el hipódromo... El Estado perdía todo el dinero, pero los dueños de caballos ganaban mucho y eran gente muy rica... [No había forma que hubiera podido] convencer a las elites de ese país... que tanto se beneficiaban de la situación, de abandonar sus privilegios. Elites que, además, probaron ser muy miopes: por estar defendiendo migajas perdieron la torta (pp. 126-127).

Ese era el precio de una incierta tranquilidad, pero de alto costo para el Estado y el futuro del país. Era, en el fondo, una seudo paz social que otorgaba el ingreso petrolero. Pérez fue depuesto de la presidencia por esos mismos grupos cercanos a su gabinete, porque se transformó en un presidente incómodo e impopular líder, molesto para la expectativa populista que lo habían elegido. Los argumentos formales utilizados para su destitución por la Corte Suprema de Justicia fueron malversación de fondos público al utilizar Bs 250 millones de esa época, USD 17 millones, de la partida secreta de la Presidencia de la que era responsable, para ayudar a la seguridad de la candidata a la presidencia de Nicaragua Violeta Chamorro, lo cual no pudo ser probado por ser la partida, obviamente, un secreto de Estado. Resulta risible recordar estos hechos frente a la soez discrecionalidad despilfarradora del Presidente Chávez desde 1999.

La segunda ruptura, de la institucionalidad del país, el 4 de febrero de 1992

Para 1992 la situación se había complicado aún más y esta vez un grupo de militares intentó un golpe de estado, el 4 de Febrero de 1992, dirigido por jóvenes oficiales encabezados por Hugo Chávez y Francisco Arias Cárdenas, que dejó un saldo de un centenar de muertos -grupo que formaba parte de una organización golpista conocida como Movimiento Bolivariano Revolucionario 200 -MBR-200- al interior de las fuerzas armadas.

Este grupo alegó estar desconforme con la gestión económica de Pérez, criticando la subordinación de las fuerzas armadas a un liderazgo político que consideraban incapaz, corrupto, y por la utilización de los militares, en particular del Ejército y de la Guardia Nacional, en la represión del 27F, el deterioro de sus condiciones económicas, cuestionando las negociaciones sobre límites con Colombia y el empleo de soldados en labores de repartición de útiles escolares, becas alimentarias, campañas de vacunación y de arborización.

Estos hechos, obviamente, desacreditaron las reformas económicas emprendidas, con lo cual el estallido social del 27F y éste último el 4F, sirvieron para que otros políticos comenzaran a desafiar a la democracia. Pérez decretó la suspensión de las garantías constitucionales, las cuales al ser discutida en el Congreso se encontraron con la opinión imprecisa del senador Rafael Caldera -expresó en el parlamento, tienen razones, pero no tienen la razón- quien rompió la unanimidad que existía entre los parlamentarios para apoyar al poder ejecutivo contra el alzamiento militar, criticando la situación del país y desestimando la interpretación del magnicidio. Este discurso sirvió para aumentar su popularidad, lo que le permitió ganar las siguientes elecciones presidenciales, aunque la población no manifestó su apoyo al gobierno y tampoco apoyó al golpe de Estado, pero creo una deplorable incertidumbre en torno a la democracia venezolana.

Buena parte del sector político, incluyendo al partido de gobierno –Acción Democrática- acusaron también al programa de Pérez de neoliberal y al ministro Miguel Rodríguez, como su autor intelectual. Sin embargo, el Ministro Rodríguez ha expresado que con el programa aplicado entre 1990 y hasta 1992, el país creció un 6.5%, 10,4% y 6,8%, respectivamente, el desempleo bajó al 6%, el sector informal era de 34% de la fuerza de trabajo, se apoyó la expansión presentada por la apertura petrolera propuesta por PDVSA porque la política en ese campo "no era la de proteger precios, sino la de impulsar la inversión y la producción de barriles por su efecto multiplicador en una serie de sectores claves de la economía", también bajó la inflación que estaba en 30% en 1991. Igualmente, reafirmó que "después del 4 de febrero de 1989 fue el derrumbe total de Venezuela... sólo hubo crecimiento precario en 1997, 2000 y 2001, el ingreso per cápita cayó 25% con el siguiente gobierno de Caldera y más de 7% de caída en el de Chávez", a partir de 1998.

Tal vez, lo más grave de su opinión sea observar como cuantificó el costo de esta intentona de golpe de estado -no sólo en términos de la pérdida de confianza por los inversionistas-, al expresar que también "entre 1994 y 2000 la salida de capitales llega a 25 millardos de dólares, y al sumar lo que ocurrió en 2002 asciende a 33 millardos de dólares" (Rojas, 2002, p. E-1).

Esta fecha del 4 de febrero de 1992, marca la segunda ruptura, esta vez de *la institucionalidad en el país*, la que traería graves consecuencias en la obstaculizada democracia del país en el futuro. Los militares involucrados fueron hallados culpables de rebelión. Sin embargo, durante el gobierno de Caldera algunos fueron algunos sobreseídos, otros dados de baja y el resto encarcelados, para finalmente ser sobreseídos, en 1994. De ahí en adelante el aumento del precio de la gasolina se ha considerado delicado e, incluso, explosivo.

PDVSA continuó con su Plan de expansión formulado en 1990, la producción petrolera aumentó entre 1990 y 1997, para contraerse desde entonces. La producción crece en más de 50% a lo largo de la década de los 90, es decir, de 2,3 a 3,5 Mbd, para regresar luego, en 2010 a un nivel entre 1,9 a 2,6 Mbd, similar a la de 1993, siendo los primeros años del segundo período de alto crecimiento en la producción petrolera registrado en Venezuela, luego de 1945-1957 (Espinasa, 2006). Sin embargo, el valor de las exportaciones sólo aumentará levemente alcanzando un máximo en 1997 de Bs. 8.903 millardos (Báez, 2000). En 1996, PDVSA entregó al Estado venezolano como contribución fiscal consolidada -vale decir, comprendiendo impuesto sobre la renta, valor fiscal de exportación, impuesto de explotación e impuesto a los activos empresariales-, la cantidad de USD$ 9.430 millones y el producto interno petrolero llegó a 4,7%, en contraste con el no petrolero que fue de negativo, -4,7% (Quiróz Corradi, 1997, p. E-8). Esto significaba que hasta esta fecha no se había modificado la estructura productiva del Petroestado, con un Estado dueño, receptor y distribuidor de estos enormes ingresos, con reservas internacionales bajas, de USD$ 16.287 millones (1996), y sin que la nación recibiera directamente parte de estos beneficios, por lo que siguió siendo una nación empobrecida.

Entretanto, se hizo patente en la economía nacional los bajos índices de solvencia de la banca, alto riesgo crediticio, fuerte inmovilización de activos físicos, altos costos operativos y rentabilidad dependiente de los ingresos extraordinarios del petróleo. Esta situación crítica de la banca, que era el espejo del contexto vivido en esos años, se debió, en palabras de Ruth de Krivoy (1995, p. 2-4), entonces Presidenta del Banco Central, a "la grave situación política y social a partir de 1992, con dos intentos de golpe de Estado, cuatro presidentes, numerosos episodios de inestabilidad y dos procesos electorales", que introdujeron gran incertidumbre y desconfianza, los cuales actuaron como detonante de esta crisis. El día 13 de enero de 1994 el Banco Latino, del sector privado, quedó excluido de la Cámara de compensación, iniciándose una profusa corrida bancaria de otros bancos (Chavez, C. R., 1994, p. 2-4).

En 1998, la situación del mercado petrolero era difícil debido a la baja del precio del barril en 2 a 3 dólares por barril, cotizándose el crudo venezolano de exportación en USD 13,37 por barril, valor considerado en el presupuesto nacional, con lo cual los ingresos fueron del orden de USD$ 16.000 millones - comparado con 1997, en que fue de USD$ 18.300 millones, según el banco Central de Venezuela-.

La mayor repercusión de estos bajos precios afectaría, al menos en forma temporal, a las nuevas inversiones previstas. Esta situación era producida por un complejo de variables entre las que se encontraban los primeros efectos de la nueva entrada en producción de Irak, también existían grandes excedentes por el desplome de las economías de cinco países asiáticos y por la decisión de OPEP de aumentar sus cuotas de producción, así como también de los países no-OPEP –sin contar con los países que no cumplen sus cuotas, desacreditándola-.

Durante los cuarenta años de este período democrático (1958-1998) ingresaron al país un estimado de USD$ 250.000 millones por concepto de exportación petrolera.

Con la llegada de Hugo Chávez a la Presidencia, en 1999, el optimista plan de expansión petrolero quedó desmantelado ipso-facto. Pero, de nuevo, la caída de los precios del petróleo ayudó en esta decisión ya anunciada previamente, que no sólo cercenó su plan de negocios sino a todos lo que los que lo habían concebido y a la propia PDVSA. En el nuevo gobierno privó el criterio de que implantar una política petrolera agresiva de producción elevada, que sólo serviría para bajar los precios en el mercado petrolero y debilitar a la OPEP, difícil de sostener si se piensa que el volumen que aporta Venezuela no supera el 4% de la producción mundial. Sin embargo, la crisis asiática, aunque de corta duración, sumado a que el consumo decayó sensiblemente, obligó a efectuarse un ajuste táctico e, incluso se ha dicho que PDVSA arrojó pérdidas, si se consideran los costos asociados consolidados –porque sólo el costo de producción de PDVSA era de USD 3 a 4 por barril y el precio de venta era de USD 9-. Venezuela respetó un acuerdo de recorte de producción de OPEP y PDVSA disminuyó la inversión por restricciones en su flujo de caja. Como señala Ramón Espinasa en entrevista, desde 1998 y por 30 meses -hasta septiembre de 2000-, el mercado estuvo deprimido, pero desde que comenzó a activarse nuevamente el país apenas incrementó el número de taladros, sumado a los desajustes de la nueva política petrolera, complicaron las cosas, "en el Ministerio de Energía y Minas dicen una cosa y en PDVSA dicen otra... No tenemos iniciativa, ni una política petrolera propia. A menos que nuestra política sea la de desacelerar el crecimiento de la producción de petróleo... Cuando los precios caigan enfrentaremos el peor de todos los mundos. No tendremos a favor ni los precios, ni los volúmenes de producción" (Prieto, 2000, p. H-5).

Para Naim los años noventa fue la gran oportunidad para corregir fuertes distorsiones e inequidades y de darle al país un nuevo camino serio –el gran viraje como decía un slogan- y fundado, con políticas modernas y amplias, con lo cual se abordaría el serio problema de la pobreza y de eliminar la corrupción, pero resultó "en la pérdida de una generación",

Venezuela lleva empantanada desde el 27 de febrero de 1989.

... Los números revelan que Venezuela lleva dos décadas retrocediendo. Décadas que además han sido importantísimas, ya que en los últimos veinte años hemos visto cómo en el mundo se ha hecho posible que los países pobres saquen a su población de la miseria. Venezuela perdió ese tren. Por ahora.

... Realmente me sorprendió mucho ver a gente muy inteligente, gente decente, que contribuyó a eso. Gente que hoy en día está, o debe estar, profundamente arrepentida. Gente como Ibsen Martínez que fue el guionista de una novela que se llamó *Por estas calles...* y él lo ha dicho públicamente, que está arrepentido del rol que jugó. Líderes como Rafael Caldera, Ramón Escobar Salom, Marcel Granier, Oscar García Mendoza, Teodoro Petkoff, el grupo de Los Notables, los periodistas, los dueños de medios de comunicación, la mayoría de los políticos y muchos empresarios...

Todos seguimos pagando a diario las consecuencias del fracaso de las reformas de Pérez, sobre todo los pobres y la clase media devastada por el estancamiento económico, la inflación y la desesperanza. No fue el fracaso de un Presidente y su equipo de gobierno. Fue el fracaso de la miope generación que lideró a Venezuela en todos sus ámbitos en los años ochenta y noventa (Rivero, 2010, pp. 128-129).

La tercera ruptura: la descomposición del gobierno militar

En páginas anteriores se ha venido mencionando cómo el avance de la relación efectuada en torno al petróleo ha llevado a tres rupturas fundamentales para Venezuela, las que han ido deteriorando su situación general, al tiempo que el petróleo subrayaba su acción como agente principal de estas: así, se pudo constatar que el 27 de febrero de 1989, la primera ruptura, causó el rompimiento del pacto social, pilar político fundamental que sostenía al sistema democrático del Estado y al de partidos desde 1958. Igualmente, luego se rubricó la ruptura en fecha 4 de febrero de 1992, la segunda, con el intento fallido de un golpe de estado de corte militar, el cual había hecho patente la ruptura institucional del país, otro pilar capital de la democracia en Venezuela.

Ahora bien, desde 1998, podría determinarse la *tercera ruptura* fundamental del país, al evidenciarse de una descomposición del nuevo gobierno militar, porque en este caso no sólo la democracia está en peligro, existiendo también una aguda descomposición moral de la sociedad –por ejemplo, en el caso de profesionales al servicio del gobierno-, y por sobretodo, poniendo en entredicho el concepto mismo de ser una república moderna, esto es, con democracia, separación de poderes, instituciones sólidas y otros factores de la vida ciudadana destinados a equilibrar el poder absoluto de sus gobernantes.

Si ha de hacerse un resumen de la situación que confronta Venezuela hasta 2010 en materia petrolera, social e institucional, se podrían señalar los siguientes aspectos:

(1)	La producción petrolera, según data del Ministerio de Energía y Petróleo, auditada por una firma independiente, indica que la exportación de petróleo promedió en 2010, fue de 2,29 millones de barriles diarios –y que en 2008 fue de 2,43 millones de bpd-, menor de la informada normalmente por el gobierno.

Situación que con el tiempo se agudizó. El país importa derivados y componente en forma recurrente desde 2009. Las refinerías sufren constantes accidentes, incendios, explosiones y paradas provocadas por la impericia de quienes las operan. De 42.000 trabajadores que tenía la empresa petrolera en 2002, pasó a tener 126.000 en 2010. Las deudas financieras de la empresa pasaron de unos 5.000 millones de dólares en 1998 a cerca de 23.000 en 2010, y los pasivos totales, incluyendo deudas a contratistas, proveedores y pasivos contingentes se calculan en el orden de los 60.000 millones. Hay más de 20.000 pozos petroleros cerrados y la producción de gas se desplomó. PDVSA es además de empresa petrolera, una agencia social, una seccional de un partido o el brazo financiero de la revolución bolivariana.

(2)   En estos 17 años de gobierno se estima han ingresado al país por exportaciones petroleras una cantidad superior a USD 1.200.000 millones. Según el ex funcionario del BCV, Orlando Zamora, la bonanza total, exportación de petróleo más ingresos nacionales, administrada entre 1999 y 2015 asciende a más de 2 billones de dólares (Zamora, 2016, portal web).

(3)   Debido a estos factores, ya mencionados más arriba, el petróleo muestra que ha dejado de ser el motor central del desarrollo venezolano, aunque su rol con precios altos en el mercado seguirá siendo crucial –por los ingresos fiscales y de divisas-, creando una fuerte dependencia, aunque no se visualizan alternativas no petroleras. Esto ha ocasionado que en los políticos venezolanos exista una clara tendencia al populismo, traducido en repartir dávidas, intervencionismo, centralismo, subsidios y controles administrativos generalizados, lo que con el tiempo han agravado la situación.

(4)   Según datos del Banco Central, el país ha perdido su dinamismo económico. Desde la década del ochenta no se ha

conocido un solo período de crecimiento continuo del PIB por encima de su crecimiento demográfico –esto sólo se observó desde inicios de los años setenta-, y en una gran proporción de estos años el PIB ha sido negativo, lo que significa que el país se ha ido empobreciendo. (García, 2002).

(5)   La variación del PIB per cápita muestra dos etapas: una etapa entre 1950 y 1977 en donde el país tuvo un crecimiento acelerado del ingreso real por habitante, así como también una acumulación de inversiones públicas, exportaciones petroleras crecientes, baja inflación y un clima de confianza económica. La segunda etapa de crisis, que se inicia en los años ochenta, con su clímax del denominado viernes negro de febrero de 1983, en donde el nivel de vida ha descendido constantemente hasta alcanzar un nivel asimilable al de fines los años cincuenta y principios del sesenta. Esta crisis es equivalente a una generación de ciudadanos, la generación que sólo ha conocido crisis.

(6)   En este último período se manifiestan seis períodos muy críticos, en1983, el de la deuda externa del viernes negro, la de 1988 que evidenciaría el agotamiento de este modelo económico –y que condujo al ajuste de 1989-, la crisis bancaria de 1994 que duró dos años, la crisis de 1998-1999, debido a la caída de los precios del petróleo en el mercado internacional, la crisis de 2002 con una severa contracción el PIB y la de 2010, debido a la recesión mundial del sistema financiero. Seis crisis en 27 años.

(7)   La política social en estos últimos once años indica que la cifra oficial de pobreza descendió de 56% (1997) a 48% (2008) –es decir, de los 27 millones de habitantes, son pobres 13,1 millones-, aunque como explica Luis Pedro España (Giusti, 2009) no es positivo,

si consideramos que este país ha estado inmerso en un boom petrolero similar al de los años 70. De manera que la reducción de la pobreza ha sido de poca monta, sobre todo a niveles de pobreza extrema, porque ésta se mantiene en la misma cifra, en términos absolutos, unos 3 millones de personas... [debido] a la falta de una política social... [la razón es que] la renta petrolera se ha distribuido a través de los mecanismos de mercado y el gobierno no ha dirigido esa distribución en productos, servicios y transferencias a los sectores populares".

La Encuesta sobre Condiciones de Vida en Venezuela, realizada en 2015 por las universidades Central de Venezuela (UCV), Católica Andrés Bello (UCAB) y Simón Bolívar (USB), advierte que 2014 y 2015 han sido los peores años de contracción de ingresos 73% de los hogares y 76% de los venezolanos están en pobreza de ingresos, es decir. cerca de 23 millones de habitantes viven con escasos recursos. A su vez, el sondeo sobre situación de hogares en pobreza, correspondiente al primer semestre de 2015, publicado por el Instituto Nacional de Estadística (INE), del gobierno, detalla que, de 7.519.342 hogares pobres por ingresos, 33,1% se declararon pobres, 23,8% son pobres no extremos (1.750.665) y 9,3% pobres extremos (683.370) (Materano, 2016). Se constata que esta riqueza petrolera recibida ha creado aparatosamente pobreza junto a una cultura rentista.

(8) Entre 2004 y 2008, el precio del petróleo subió –desde USD 32 a USD 133 por barril-, por lo cual los ingresos petroleros en este quinquenio fueron de USD$ 290.000 millones, aunque el país no mostró signos de desarrollo y, por el contrario, se profundizó su dependencia del petróleo (Salmerón, 2010, p. 1-8). Además, y en forma sorpresiva en 2005 culminaron las entregas de orimulsión a diferentes países luego que el gobierno en 2003 resolvió que era "un mal negocio para

la industria", combustible extrapesado, que podía suplantar al carbón y que habría podido servir para abastecer las plantas de generación termoeléctricas actuales y mitigar los efectos del racionamiento que afectó al país en años posteriores. Este modelo contribuyó al desenfreno de las importaciones que durante el período 2004-2008, el de mayor ingreso por exportación del petróleo, tuvo un aumento del 226% (Armas, 2010, p. 1-8).

(9) El informe operacional de PDVSA de 2009 evidencia que la industria se enfrenta a un estancamiento de su producción, debido en parte a la reducción acordada por la OPEP por la caída de los precios del petróleo y, en parte, por problema de fallas en el sistema eléctrico nacional y merma en su oferta de gas, además de ineficiencia dentro del industria misma, por lo que la producción se estima en 2,4 millones de bpd, y esto a su vez, repercute en una insuficiencia para sus propias inversiones de expansión. Sus ingresos en 2008 ascendieron a UUSD 126 millardos y en 2009 a tan solo USD 74,9 millardos y su contribución al fisco cayó de USD$ 23,4 millardos en 2008 a USD$ 13,3 millardos en 2009, vale decir, una disminución de 42%. La nómina de personal en estos dos años subió en un 87%, alcanzando a 123 mil empleados en 2009, el aporte a proyectos sociales disminuyó sensiblemente y su endeudamiento alcanzó los USD 1,4 millardos y la dependencia del país de la exportación de petróleo en 2009 se estima en 94% de las exportaciones de la venta de crudo (Armas, 2010b, p. 1-8).

CAPÍTULO TRES. LOS CONFLICTOS CÍVICOS Y EL PETRÓLEO

Durante el nuevo gobierno bolivariano será el momento en que se produzcan dos hechos delicados en la vida económica y política del país en la primera década del siglo XXI, uno relativo a la amenaza que la sociedad civil percibe para las instituciones del país -en noviembre de 2001-, que se realizó el 11 de abril de 2002 y se ha denominado paro *cívico en defensa de la democracia*; y, el segundo, diferente pero en estrecha relación con el primero, relacionado directamente con los trabajadores petroleros –desde febrero a abril de 2002, coincidiendo ambos en su realización, en su momento substancial, pero no en su génesis y desarrollo, que se ha denominado *el conflicto de la meritocracia de PDVSA*.

Aunque en el tiempo ambos se iniciaron por separado, estos conflictos en un momento dado se articularon estrechamente, para luego volverse a desviar. Fueron éstos dos desafíos notables de enfrentamientos entre el gobierno bolivariano, militarista, autoritario, y distintos sectores de la sociedad civil primero y, luego, con los trabajadores de PDVSA. Su recuento no es sencillo por cuanto intervienen la complejidad de su desarrollo, la opacidad que todavía persiste en la mayor parte de sus eventos, sobretodo de parte del gobierno, como también por las diversas interpretaciones que han surgido y por las aciagas consecuencias que tuvo.

Todos estos hechos han ensombrecido el acercarse a la verdad de lo ocurrido y a su impetración final. Lo que aquí se presenta es una visión a la distancia de más de diez años transcurridos de los principales hitos de estos conflictos, sobre la base de documentos de primera mano y de información documental periodística y por separado ambos para mejor comprensión de lo ocurrido.

El paro cívico en defensa de la democracia el 11 de abril, 2002

La génesis del *paro cívico en defensa de la democracia* se remonta al 13 de noviembre de 2001, que será recordado como una fecha crucial para la sociedad venezolana. Esa fue la ocasión en que se presentó para aprobación en la Asamblea Nacional una Ley Habilitante muy amplia propuesta por el Presidente de la República, con un aluvión de 49 decretos-leyes, en una sola semana, incluso antes que los expertos hubieran tenido tiempo de examinar detenidamente sus contenidos. No es de extrañar que de esta marejada legislativa se iniciara una reacción cívica imponente. Todo el paquete de leyes fue aprobado en el último día.

Lo que más impacientó a la oposición fue el hecho de que los contenidos de la mayoría de estos decretos leyes continuaron siendo un misterio hasta el momento de su publicación. El Ejecutivo no llamó a las consultas normadas para analizar ninguna de ellas, como lo prevé la constitución, ni buscó la opinión de expertos y, en la mayoría de los casos, ignoró a aquellos que habían aportado sus opiniones por iniciativa propia. Fue un acto de sorprendente arrogancia por parte de un gobierno que desde hacía mucho perdía popularidad. Entre esas leyes estaba la de educación -No. 1011-, la de expropiación de tierras de latifundio y la de hidrocarburos, lo cual movió a reacción a toda la sociedad civil, a la oposición política, a sindicatos y gremios, uno de los cuales, el gremio empresarial –Fedecámaras-, llamó a decretar como protesta un primer "paro cívico" para el día el 10 de diciembre de 2001, el cual no tuvo respuesta oficial, a pesar de que esta acción fue secundada principalmente por la Confederación de Trabajadores de Venezuela –CTV- y sus sindicatos, así como del Bloque de prensa y la Iglesia católica.

Las protestas y paros de la sociedad civil continuaron iniciado el año siguiente. El 9 de abril de 2002 se decretó un segundo paró cívico que luego se transformó en indefinido, esta vez en apoyo a los trabajadores de PDVSA que se mantenían en paro por sus reivindicaciones laborales y respeto por la meritocracia de su labor.

El 11 de abril, las protestas se convirtieron en disturbios y una marcha contra el Gobierno efectuada frente a una sede de PDVSA en Chuao fue desviada de su recorrido hacia el palacio presidencial de Miraflores. Ante estos hechos, el Presidente Chávez ordenó al General Manuel Antonio Rosendo activar el Plan Ávila para detener esta marcha, quien junto con sus soldados desconoció tal orden –situación también prevista en la Constitución- y evitaron hechos más graves. Al llegar a Miraflores se produjo un enfrentamiento con partidarios del gobierno que fueron llamados a concentrarse en el lugar.

El Presidente Chávez, ante una solicitud, pública y conocida en los medios, del Alto mando militar que le formuló en el sentido de dimitir a su cargo, estuvo de acuerdo en renunciar a la presidencia, haciéndolo verbalmente -y que también es de dominio público-, ante el General Lucas Rincón Romero, como él mismo lo relató: "Ante tales hechos, se le solicitó al señor Presidente de la República la renuncia de su cargo, la cual aceptó", pero se negó a firmarla cuando fue llevado detenido al Fuerte Tiuna, porque al parecer un grupo de militares no aceptó que saliera del país sin antes ser juzgado. El texto leído por el Gral. Lucas Rincón (Arenas Amigó, 2002) decía:

> Los miembros del Alto Mando Militar de la
> República Bolivariana de Venezuela deploran los

lamentables acontecimientos sucedidos en la ciudad capital en el día de ayer. Ante tales hechos, se le solicitó al señor Presidente de la República la renuncia de su cargo, la cual aceptó. Los integrantes del Alto Mando ponen sus cargos a la orden los cuales entregaremos a los oficiales que sean designados por las nuevas autoridades.

Detenido preventivamente en la isla La Orchila, nuevamente estuvo dispuesto a firmarla, porque le ofrecieron que saldría al exilio en Cuba. Existen pruebas de que así fue como lo relató el General Rincón y en interpelaciones posteriores ante la Asamblea Nacional este relato fue validado por otros militares - recuento ante la Asamblea Nacional que fue suspendido y no tuvo conclusiones, quedando sin terminar estas interpelaciones-.

Este hecho fue llamado golpe de estado por el gobierno (11A) -y recordado insólitamente durante su mandato-, y vacío de poder por otros. Según Ramírez (2010), el mismo ejército que lo presionó para renunciar lo regresó al poder tres días después cuando el Alto mando no pudo controlar el caos que se produjo por las luchas internas desconocidas aún que conspiraban.

Luego, comenzaron las actividades de la sociedad civil solicitando una investigación sobre aquellos hechos e insistir en la renuncia del Presidente y altos mandatarios del gobierno, en donde volvieron a sonar las cacerolas en protesta desde sectores medios y pobres del país. CTV anunció la realización de paros escalonados de 12 y 24 horas, reclamando la disminución de los salarios por las continuas devaluaciones y por las deudas contractuales del ejecutivo no canceladas, situaciones

En todas estas acciones de protesta, el dirigente sindical Carlos Ortega que las encabezaba, aclaraba que se trataba de un conflicto "laboral e institucional", distanciándolo del llamado

11A, que el gobierno continuaba recordando. Con el tiempo se fueron agregando nuevos reclamos como el desempleo –sólo el comercio reportaba 305 mil despidos-, el cierre de empresas, el "diálogo de sordos" y el desestimar a la dirigencia sindical (Méndez, 2002). El 22 de octubre siguiente se pronunciaron en la Plaza Altamira de Caracas un grupo de oficiales militares y soldados con la intención de llamar la atención sobre estos problemas, lo que no tuvo mayor trascendencia, salvo ser un gesto simbólico, dado que la mayoría de ellos habían sido pasados a retiro por los hechos del 11A, hecho que también fue saludado por los gerentes del petróleo (Ramírez, 2004, p. 163-164).

El 21 de octubre siguiente se produce una suspensión de actividades por 24 horas en el país, la cual superó las expectativas de la CTV, paralizando a un 75% de la masa laboral nacional en todas las ramas de actividades, excepto en el metro de Caracas, bancos, comercios de alimentos y empresas básicas del gobierno que concurrieron a sus labores (Méndez, 2002b).

Dada la gravedad de la situación, El 8 de noviembre de 2002, y con la mediación de César Gaviria, ex presidente colombiano, Secretario Ejecutivo de la Organización de Estados Americanos (OEA), de Jimmy Carter por el Centro Carter, del PNUD y representantes de los partidos de la oposición – coalición llamada Coordinadora Democrática- y del gobierno, se instaló una Mesa de negociación y acuerdo, cuyo objetivo central era llegara a un entendimiento para solucionar la crisis en que se encontraba el país por la vía electoral, en donde se trataron temas sobre el fortalecimiento del sistema electoral, el desarme de la población y la puesta en funcionamiento de una Comisión de la verdad para aclarar los hechos del 11A. Una de las primeras observaciones de la Coordinadora fue la de recordar que tanto el paro nacional como las acciones de calle que se convocarían eran recursos para llegar a un acuerdo vía electoral y que el plazo estimado para este fin sería el 4 de diciembre (Cardona, 2002).

La Comisión de estrategia de la Coordinadora Democrática recomendó no ir al paro en vista de los progresos de las negociaciones y evitar la presión de la calle dejando pendiente la decisión de fijar la fecha del paro nacional. El 2 de diciembre de 2002, se inicia el paro cívico nacional, en forma escalonada. El ausentismo en las oficinas públicas fue apreciable, aunque no tuvo la contundencia esperada por cuanto funcionaban el transporte, los bancos y el comercio, lo que cambiaría con la entrada al paro de los trabajadores de PDVSA. El 20 de diciembre, la Sala Constitucional publicó una sentencia que exigía se acataran todos los decretos emitidos por el gobierno, aunque no ordenaba el cese al paro, ocasión en que el Fiscal entonces, Isaías Rodríguez, declaró que nadie puede ser legalmente forzado al trabajo.

El 5 de febrero de 2003, la Coordinadora Democrática acordó levantar el paro cívico y su representante, Manuel Cova, perteneciente a la CTV, declaró que "en atención a una propuesta hecha por la comunicad internacional y como una señal de la disposición a negociar, la Coordinadora Democrática acordó la suspensión del paro y exhortó a los empresarios y comerciantes a que voluntariamente decidieran si se plegaban al horario restringido de actividades (Ramírez, 2004, p. 207).

El conflicto de la meritocracia de PDVSA

Éste conflicto tiene su referencia desde antes del inicio del mandato presidencial de Hugo Chávez, pero fue fuertemente exacerbado en los inicios de su gobierno, cuando sus profesionales inician sus críticas al funcionamiento de PDVSA. Aparentemente estos técnicos tomaron las ideas de Juan Pablo

Pérez Alfonso, las que en este tema él no aceptaba, "es inadmisible la situación actual de considerarse como un ente aislado de los accionistas, el pueblo venezolano, y que se consideren autorizados para tomar las más importantes decisiones como si ellos fueran los dueños de la principal riqueza nacional". Luego, vendría su reacción en contra de la apertura petrolera de los años noventa, al favorecer los volúmenes de producción sobre los precios de mercado y adoptar el concepto de precios justos, eterna disputa entre los petroleros, así como sus efectos en las relaciones con sus socios de la OPEP, conjuntamente con la reacción ante la apetencia de los gobiernos por los fuertes ingresos de la exportación petrolera, de las inversiones de la empresa en el exterior y la aspiración del nuevo gobierno bolivariano de rodear estas actividades con un "cerco protector fiscal" para garantiza al Estado un flujo de impuestos (Lander, 2003).

Siendo candidato aún, Hugo Chávez se pronunció públicamente en "contra la privatización de PDVSA", a la que calificó como "la columna vertebral de la economía venezolana", refiriéndose al proyecto de apertura petrolera (Carquez, 1998, p. D-5), y en torno a la aprobación de la Ley Orgánica de Hidrocarburos, denominada "reforma petrolera", en noviembre de 2001, lo que una vez en el poder, definió como causa fundamental del problema, según la versión textual y actualizada de PDVSA (2010):

> el conflicto entre gerentes y ejecutivos de PDVSA con el gobierno de Chávez… fue la reforma petrolera puesta en marcha por el gobierno. Esta nueva política busca corregir la PDVSA que había logrado convertirse prácticamente en un Estado dentro del Estado, y que había escamoteado al pueblo venezolano, utilizando su enorme capacidad y potencial

económico, el rendimiento de su riqueza nacional; la vieja PDVSA, corporación estatal, funcionaba en la práctica como una empresa privada, dirigida por una "meritocracia", término con el cual se conoce a la élite económicamente privilegiada y desconectada de los intereses verdaderamente nacionales que dirigía la Corporación. La vieja PDVSA tenía niveles tan altos de autonomía respecto al Estado venezolano, que era capaz de definir el rumbo de la política petrolera venezolana y emprendía iniciativas propias en las que se priorizaban los intereses de la empresa y se relegaba a segundos niveles los intereses del resto de la sociedad. También desde los inicios mismos de la industria nacionalizada en 1975 comenzaron las presiones para disminuir la contribución fiscal de la empresa, y este renglón se convirtió en una verdadera "caja negra".

También en este recuento es importante observar la cronología de los cambios en la alta gerencia de PDVSA, que muestran la forma en que el gobierno trataba a estos profesionales y a la industria misma. Los cambios de Chávez comienzan en febrero de 1999, cuando renuncia Luis Giusti a la Presidencia de PDVSA. En su reemplazo es designado Roberto Mandini, quien comienza una serie de despidos indirectos de ejecutivos de alto nivel y reconocida experiencia bajo la figura de jubilaciones prematuras, contratando personal que eludía las normas de la empresa, del manejo de convenios con elementos políticos impuestos por presiones del ejecutivo y quien sostuvo conflictos de competencia y autoridad con integrantes de su propia Junta Directiva, por lo que fue reemplazado en el 2000 por Héctor Ciavaldini, quien agudizó esta situación, iniciando una decidida persecución política al personal, por lo que ya en Octubre del mismo año sale de su cargo -producto del mal manejo de una huelga reivindicativa de 4 días de los trabajadores petroleros por su nueva contratación colectiva, liderada por Carlos Ortega desde la presidencia de Fedepetrol-; entonces entra como Presidente Guaicaipuro Lameda, momento en que la empresa retoma las normas de la meritocracia, pero quien por criticar la nueva ley de hidrocarburos culmina su mandato en febrero de 2002, siendo sustituido por Gastón Parra Luzardo, quien desencadenó los graves sucesos de abril de 2002, superados por un corto tiempo, es también reemplazado por Alí Rodríguez Araque como Presidente de la empresa. Esto, de partida, muestra la inconsistencia mantenida para la alta gerencia de la principal industria del país.

Las protestas y manifestaciones en defensa de la meritocracia por parte de los empleados de PDVSA se inician efectivamente el 21 de febrero de 2002, durante la Presidencia de Parra Luzardo, motivo por el cual todo el personal fue amonestado vía email por tratar este problema, e igualmente se produce un cambio de los miembros de la Junta Directiva de la empresa, el que fue recibido con un rechazo mayoritario de 34 ejecutivos y todo el personal, los que publican un remitido público en la prensa, denominado "Salvaguardemos a PDVSA" y un comunicado titulado "Somos y seguiremos siendo la energía", destinados ambos a rechazar la politización de la empresa y a exigir respeto a sus normas de meritocracia. Continúan los despidos vía jubilaciones forzadas, cambios de trabajo para ejecutivos de la empresa y se limita el uso de los espacios de las sedes de la empresa, lo que agudizó el conflicto.

A partir del 1º de marzo de 2002-, el personal de la empresa se declara en asamblea permanente y el 7 de marzo, los trabajadores comienzan paros de 4 horas diarias, primeras acciones de una serie de protestas que vendría. Las reacciones del gobierno no se dejaron esperar. La Procuradora de la República declara que la protesta carece de fundamentos legales. El Vice-Presidente de la República, Diosdado Cabello, intenta mediar con la directiva de la empresa. El Frente Bolivariano de Trabajadores y Técnicos de PDVSA manifiestan su apoyo a la nueva Junta Directiva. El Movimiento de Trabajadores Bolivarianos de la industria toma la sede de La Campiña en respaldo al Presidente Parra Luzardo. El Consultor Jurídico, José Luis Urbáez, amenaza con despidos a los que falten a su trabajo. La Sala Constitucional del Tribunal Supremo de Justicia, ante una opinión solicitada por los trabajadores de la empresa referente a su aumento de sueldo, por boca del Magistrado Antonio García, expresa que el Decreto 882 que establece el aumento de sueldos general a partir del 1º de Mayo no era aplicable a PDVSA, y el propio Presidente de la República el 1º de Marzo amenazó con militarizar la empresa - en su programa-cadena *Aló Presidente*-, cuando expresó que "si la paran la militarizo, militarizo la empresa". No obstante, este anuncio, el 21 de marzo el 80% del personal administrativo no asiste a sus labores y se crea una comisión mediadora aun cuando Parra Luzardo siguió despidiendo personal de la empresa.

Esto significó que, a partir del 4 de abril del 2002, el conflicto se radicalizará. Los trabajadores intentan crear un sindicato para empleados de la nómina mayor que no prosperó. Se inicia entonces la paralización gradual de las operaciones de PDVSA, principalmente administrativas y algunas de producción, motivo por el cual se activa el Plan de Contingencia institucional, orientado a preservar la integridad física de las comunidades, trabajadores e instalaciones (Ramírez, 2007 y Medina, 2009).

El Presidente Chávez de inmediato y personalmente, puso fuera de la empresa en forma pública en su programa-cadena *Aló Presidente* del 8 de abril de 2002, a siete altos gerentes –Eddie Ramírez, Juan Fernández, Horacio Medina, Gonzalo Feijó, Edgar Quijano, Alfredo Gómez y Carmen Elisa Hernández-, quienes curiosamente fueron re-incorporados luego, para ser despedidos posteriormente (Rojas, 2002).

Al día siguiente, el 9 de abril de 2002, los empleados de PDVSA en conflicto recibieron el apoyo de otros gremios, incluyendo a Fedecámaras y a la Central de Trabajadores de Venezuela –CTV-, entes que declararon un paro por 24 horas en su apoyo, denominado el segundo paro cívico y que marca la entrada de las organizaciones civiles al conflicto en apoyo de los empleados de PDVSA.

La CTV y Fedecámaras acordaron prorrogar el paro por otras 24 horas. Esto significó que la producción de petróleo comenzara a paralizarse, con lo cual se inicia una nueva fase, esta vez con la industria paralizada. Aunque en el sector militar surgió la idea de atacar la concentración efectuada frente a PDVSA, en el sector de Chuao en el este de la ciudad, por parte del Gral. Belisario Landis, otros sectores mantuvieron silencio – por ejemplo, los del Fiscal Isaías Rodríguez y del Gral. Lucas Rincón- y un tercer sector se opuso –el de los Grales. Rosendo y Damián Bustillos-, el ataque finalmente no se concretó. En ese día se conoce la noticia de que la Refinaría de Amuay se ha paralizado. Parra Luzardo y su Junta Directiva renuncian, hecho no divulgado públicamente.

En este contexto, los empleados de PDVSA acordaron prorrogar el paro, esta vez en forma indefinida, uniéndose al paro cívico que mantenía la sociedad civil. (Ramírez, 2007).

La manifestación de Chuao del 11 de abril de 2002, frente a una sede de PDVSA, contó con una masiva participación de la sociedad civil, Fedecámaras y la CTV. Esta concentración marchó luego hacia el Palacio de Miraflores, sede del Gobierno, exigiendo la renuncia del Presidente, en donde surgieron serios incidentes con las fuerzas del régimen -que produjeron un saldo de 19 ciudadanos fallecidos y un centenar de heridos, hecho en el cual los empleados de PDVSA no tuvieron ninguna participación en esos trágicos sucesos, tanto en los de Miraflores como en los posteriores ocurridos en el Fuerte Tiuna -cuyos detalles aún son poco conocidos y se mantienen muchos vacíos de información-.

El Presidente deja su cargo y durante este interím de vacío de poder, surge el gobierno de facto de Pedro Carmona Estanca, quien nombró como Presidente de PDVSA al Gral. Lameda, de nuevo. Este tema no se tratará aquí, pues es eminentemente político. El Presidente es devuelto al poder por los militares, trasladado por el Gral. Raúl Isaías Baduel el 13 de abril, desincorporó a Lameda y a la nueva Junta Directiva, y aceptó la renuncia de Luzardo, aduciendo que era una decisión tomada con anterioridad.

En este período el gobierno intenta un diálogo con los trabajadores, aunque éste nunca se comprometió a respetar su meritocracia. El partido Patria para Todos (PPT), que ahora ostentaba muchos cargos de responsabilidad en PDVSA producto de un reparto de poder, el 17 de abril propuso al Presidente Chávez que nombrara a Alí Rodríguez Araque como nuevo Presidente de PDVSA, propuesta que fue aceptada así como también la nueva Junta Directiva, que se inauguró el 20 de Abril de 2002, comprometiéndose a mejorar en la empresa sus costos, su competitividad internacional productora de petróleo, concentrándose en este negocio y dejando al Ministerio de Energía y Minas el diseño de la política petrolera (Ventura, 2002).

Luego de estos hechos, los trabajadores de PDVSA regresaron a sus labores a partir del día 14 de abril y se restituyó la normalidad operacional en la industria (Medina, 2009).

Según el dirigente de los profesionales Horacio Medina (2009), éste expresó que es a partir de este momento que "comenzó a evidenciarse la intención de realizar una purga interna... y le ratifiqué [al Ministro Alí Rodríguez, en reuniones privadas] nuestro convencimiento de la existencia de un Plan de Contingencia Paralelo estructurado por el Gerente de Prevención y Control de Pérdidas de PDVSA, Gustavo Pérez Issa". El 18 de Julio de 2002, era designado Rafael Ramírez como Ministro de Energía y Minas.

Ante la información recibida sobre las acciones que adelantaba la sociedad civil para promover un paro cívico, surgió la voz tanto de dirigentes de los petroleros como observadores externos a la empresa, que expresaban que agradeciendo el apoyo dado por la ciudadanía a sus peticiones laborales y contando con su solidaridad, lo cual no implicaba que sean incondicionales y que no puede exigirse a esa misma PDVSA que se pronuncie y tome partido ante un acto eminentemente político como lo es tanto una marcha de protesta contra el gobierno, como un paro o una huelga general. Como señala con claridad Medina (2009), luego de los hechos del 11 de abril, "los trabajadores de PDVSA nos reincorporamos para restituir la normalidad operacional de la empresa".

En agosto, los abogados de PDVSA acusaron a los principales ejecutivos de la empresa que figuraban como líderes de esta protesta, de "atentar contra la independencia y seguridad de la Nación, contra la libertad de trabajo, instigación y excitación a la desobediencia pública de la leyes", e igualmente la Comisión parlamentaria destinada a investigar estos hechos exhortaba a determinar las responsabilidades de estos gerentes "por las acciones ilegales realizadas en el marco de los sucesos conspirativos el 11 de Abril, como paros, huelgas, sabotaje de las instalaciones de la empresa estatal" (Ramírez, 2004, p. 154). La organización gremial Gente del petróleo publicó un remitido rechazando tales afirmaciones de hacerlos responsables por los hechos del 11 de Abril, ratificando la naturaleza institucional de sus actividades, todas las cuales velaron por "el respeto a la meritocracia e impedir la política partidista dentro de PDVSA" y contribuir a solucionar "graves problemas de los venezolanos actuando siempre apegados a la Constitución y las leyes", a pesar de presiones de sectores de los medios que recibían para efectuar otro paro conjuntamente con la sociedad civil. Según Ramírez, "para algunos habíamos pasado de héroes a villanos" (Ramírez, 2004, p. 154).

Es de hacer notar que ya entre mayo y noviembre de 2002, el tren ejecutivo de PDVSA se abocó a analizar el acoso que sentían los trabajadores por parte del Gerente de Prevención y Control de pérdidas que creaba tensión en sus oficinas. Desde la designación de Alí Rodríguez, se evidenció una purga interna a los trabajadores, persecuciones, militarización y politización de la industria, tiempo durante el cual Medina sostuvo tres reuniones privadas con él en donde le manifestó este malestar que se efectuaba con su anuencia y le alertó sobre un Plan de contingencia paralelo preparado por el Gerente de Prevención y Control de Pérdidas, Gustavo Pérez Issa, ya mencionado antes.

A finales noviembre de 2002, ante la inminencia del Paro Cívico Nacional de la sociedad civil -convocado por Fedecámaras, la CTV y otras organizaciones y gremios-, y luego de transcurrir meses de marchas, PDVSA e INTESA - empresa de servicios-, establecieron un Plan de contingencia para mantener operativos sus servicios.

Los despidos de PDVSA

El rol de los trabajadores de PDVSA en este conflicto, aunque era estrictamente de índole petrolera, los involucraba en el marco nacional de crisis en marcha dada la importancia económica de la industria, de hecho su rol, fue muy significativo y sus acciones y consecuencias han sido ampliamente reseñadas. De esta forma, al paro organizado por la sociedad civil se sumaron los trabajadores de PDVSA en su momento más álgido, coincidiendo en fecha con el de la sociedad civil, previa activación del Plan de contingencia en sus operaciones, supervisado y con resguardo de las Guardia nacional.

El ausentismo en la empresa petrolera alcanzó un 90%. El paro aumenta su efecto dos días más tarde cuando el barco petrolero Pilín León paraliza sus actividades y se detiene en medio del estrecho de salida del lago de Maracaibo, lo que llevó a que toda la flota petrolera se sumara al paro y en los centros productivos se activó el "plan de contingencia de paro seguro", de lo cual dieron fe los directivos de la empresa en los diferentes sitios (Ramírez, 2004, pp.174-175).

Este será el momento cuando comienzan los despidos masivos en PDVSA. El 5 de diciembre, el Presidente Chávez ordenó a Alí Rodríguez que suspendiera de sus funciones a 10 altos gerente, ante lo cual la Junta Directiva de la empresa opinó que esa acción no tenía sentido y que agravaría la situación y rechazó la medida e hicieron pública su renuncia. A partir del 7 de Diciembre y por decisión de la asamblea de la empresa, Alí Rodríguez asumió con plenos poderes la dirección de la estatal, a partir de este día los Directores de PDVSA, ya renunciados, cesaron en sus funciones, la empresa entró en período de reestructuración por 45 días, se designaron nuevas persona en áreas claves operativas y el propio ministro en tono desafiante amenazó a quienes se negaran a cumplir órdenes con despedirlos, al tiempo que se anunciaban nuevos despidos en el

Estado de Carabobo, en donde el General Acosta Carles al mando de un grupo de la Guardia Nacional decomisa algunas gandolas en forma ilegal.

En todas las unidades productivas se reduce la producción en un 90%, muchas áreas operativas fueron militarizadas y el propio Alí Rodríguez reconoció públicamente que la industria en buena medida estaba paralizada (Ibid., pp. 181-235).

Los despidos continuaron hasta febrero de 2003. En total fueron 18.778 trabajadores, además de 2.500 de la empresa Intesa, sub contratada por PDVSA, y otros 2.500 que se encontraban con permisos. Un número pequeño regresó a sus puestos de trabajo, forzados a firmar una carta de arrepentimiento. El 7 de enero de 2004, se comienza a aplicar el Plan de reestructuración del orden interno y el Plan táctico militar en la empresa (Camel, 2003).

Según Medina (2002), el día 3 de diciembre, solicitó telefónicamente una reunión para dejar constancia de la presencia inesperada de personal civil armado en las áreas operacionales que molestaban las normales labores del Plan de contingencia institucional establecido antes. Igualmente, le manifestó su preocupación por la evidencia de un Plan de contingencia paralelo que podría ocasionar accidentes, que era irregular y que alteraría las actividades al normalizarse las cosas, señalando que "lamentablemente Alí Rodríguez Araque, nunca accedió a realizar la reunión, porque no tenía la intención de resolver la crisis, por lo contrario, fue notorio su interés en profundizarla". Con las medidas adoptadas días después, "asumió personalmente el control de todo el sistema", vale decir, bloqueo de claves para el embarque de crudos, control personal de toda PDVSA e INTESA, "haciéndose responsable de todos los controles operacionales y financieros" ... Desactivó todos los códigos de acceso remoto a PDVSA y al Plan de Contingencia. Ordenó el desalojo violento y con armas de fuego de todos los trabajadores que se mantenían laborando y estableció el Plan de Contingencia paralelo dirigido por Gustavo Pérez Isa", aun cuando existen "numerosas evidencias relacionadas con las entregas de instalaciones hechas bajo el protocolo de Paro Seguro", las que entregó en un informe dirigido al Fiscal General de la República, Julián Isaías Rodríguez, el 8 de abril de 2003.

Las consecuencias de estos conflictos

Muchos factores se conjugaron para dar este final en ambos conflictos. Uno fue la salida negociada que propició la parte política de la "mesa de negociación", y que permitió que, de esta forma, el Jefe de Estado pasara a controlar PDVSA, nombrando directores y hasta gerentes de afuera de la industria, directamente, sin mayores normas, actitud que tropezó con un talante profesional muy arraigado en sus empleados –la meritocracia- que resistió esta ofensiva política en un intento por atenuarla. De esa manera, el gobierno logró tener la dirección de PDVSA, bajo el control y la tutela del Ministerio de Energía y Petróleo, y ésta fue completamente reestructurada, lo que le permitió apoyar y financiar directamente varias misiones educativas y sociales que el gobierno deseaba llevar adelante. Los ingresos que el Estado recibe de PDVSA se incrementaron por la subida el precio del crudo, aunque se ha criticado su inoperancia, lo cual parece confirmar las quejas sobre los manejos que hacía la meritocracia petrolera y como ha señalado José Toro Hardy (2010), es difícil entender cómo se llegó a tan grave crisis.

En relación a los sucesos del 11A, la intolerancia y el radicalismo políticos se impusieron en este conflicto con un saldo de 19 ciudadanos fallecidos, 2 partidarios del gobierno.

Ninguna de ellos ha recibido justicia. Sólo recibieron atención de las autoridades dos casos, Rudy Urbano y Erasmo Sánchez, cuyas muertes sirvieron para sentenciar a 9 policías de la Policía Metropolitana (PM) y a tres de sus comisarios a 30 años de prisión, pese a que ellos estaban alejados del lugar de los hechos y a que sus armas no pudieron ser encausadas.

El juicio fue radicado a 100 Km de la Capital, en Maracay, a cargo de la jueza Marjorie Calderón, y duró 3 años - uno de los juicios más largo de la historia venezolana-. En el juicio declararon 198 testigos y 48 expertos, se evaluaron 250 experticias técnico-científicas, 5700 fotos y videos que no lograron demostrar la culpabilidad de los policías, al tiempo que fueron identificadas 67 personas afectas al gobierno que disparaban armas cortas y largas en contra de los manifestantes, las que fueron absueltas o perdonadas por el Presidente mediante una Ley de amnistía aprobada por la Asamblea Nacional en diciembre del 2007.

Esta sentencia fue presentada al Parlamento Europeo como un caso de detenidos políticos y se examinó en los tribunales de la Corte Interamericana de Derechos Humanos, a pesar de las presiones, amenazas y dádivas ofrecidas por el gobierno, lo cual obligó a la hermana de una de las víctimas a pedir asilo político en España, en donde vive actualmente (Olivares, 2012, p. 4-5).

La participación militar en la destitución del presidente es crucial para entender lo que ocurrió. En este suceso no participó ningún civil, fue un golpe entre militares, incluido el Presidente. La declaración completa del General Lucas Rincón ya presentada, ayudará a entender el contexto y la motivación que tuvo este cuerpo castrense (Arenas Amigó, 2002),

Los miembros del Alto Mando Militar de la República Bolivariana de Venezuela deploran los lamentables acontecimientos sucedidos en la ciudad capital en el día de ayer. Ante tales hechos, se le solicitó al señor Presidente de la República la renuncia de su cargo, la cual aceptó. Los integrantes del Alto Mando ponen sus cargos a la orden los cuales entregaremos a los oficiales que sean designados por las nuevas autoridades.

La paradoja final de los sucesos petroleros es no sólo curiosa, sino también cruel y aleccionadora. La explicación del problema con PDVSA y su resolución la dio el propio Presidente al autodefinirse como el autor de esta intriga, en ocasión de la presentación de su Memoria y Cuenta Anual ante la Asamblea Nacional, el día 15 de enero de 2004, en donde afirmó:

Lo de Pdvsa era necesario aun cuando nosotros no la generamos. Bueno, no es que no la generamos. ¡Sí la generamos!, porque cuando yo agarré el pito aquel en un Aló Presidente y empecé a botar gente, yo estaba provocando la crisis. Cuando nombré a Gastón Parra Luzardo y aquella nueva junta directiva, pues estábamos provocando la crisis. Ellos respondieron y se presentó el conflicto y aquí estamos hoy. ¡Era necesaria la crisis!

Las derivaciones de estos conflictos han sido duras y aciagas para toda la sociedad. En el aspecto económico la inflación se disparó, al igual que el desempleo y el comercio informal, se dejaron de percibir USD 14.430 millones por exportación de petróleo, porque su producción se redujo en 68% en ese período y el Producto Interno Bruto (PIB) alcanzó el record histórico de -8.9 puntos. El Presidente decretó un control de cambio que se mantiene hasta la actualidad, distorsionando la economía hasta la fecha (2016); creó la Misión Mercal para abastecer alimentos, un programa social bajo la dirección de PDVSA, encargado de la venta, distribución y almacenaje de alimentos a bajos precios, como una previsión para contrarrestar hipotéticos paros en un futuro.

A fines de 2002 el gobierno utilizó de su Fondo de Inversión y Estabilización Macroeconómica (FIEM), 6 millardos de dólares para atender requerimientos presupuestarios y de alimentos durante estos conflictos –dejando al Fondo para fines de 2003 tan sólo con 700 millones de dólares-, que no fueron reintegrados, y vuelto a retirar el remanente que quedaba en el año 2016. Esta fuerte cantidad de dinero se entregó en parte a empresarios privados. Entre estos empresarios se encuentran Ricardo Fernández Barrueco, que asesoró y organizó con sus empresas –junto a otros empresarios y productores de 64 empresas nacionales y multinacionales- la distribución de alimentos, creando la red Mercal. Éste ciudadano fue posteriormente requerido por el Alto Mando Militar de las Fuerzas Armadas Nacionales (FAN), –y llamado el Zar de Mercal, a quien además la auditoria privada FTI de Estados Unidos, sostiene que recibió un pagaré personal de 1.800 millones de dólares de parte del gobierno venezolano, fue detenido en Venezuela en noviembre de 2009, sin iniciarle juicio, acusado de "aprovechamiento de créditos y delincuencia organizada", a través de sus 4 bancos que han sido intervenidos (Olivares, 2010, p. 4-6).

Otro de los que colaboró con el gobierno durante estos conflictos fue Walid Mackled, quien durante diciembre de 2002 y enero de 2003, cedió al gobierno nacional su flota de 74 camiones para transportar gasolina, y quien ahora también se encuentra preso por el gobierno, sin juicio abierto, –y también requerido por la DEA-, acusado de narcotraficante y de asesinar al periodista Orel Sambrano y al veterinario Francisco

Larrazábal, quien ha manifestado a CNN que "con lo que yo tengo, yo tengo para que intervengan a Venezuela" (Poliszuk, 2011, p. 4-4). .

El Presidente Chávez, que desde 1999 mantenía una popularidad del 91,9% de la población, fue cayendo hasta diciembre de 2001, cuando ésta era tan sólo de 35,5% de los venezolanos y, luego del primer paro cívico nacional efectuado en esa fecha y hasta septiembre de 2003, nunca logró el respaldo a sugestión que superara el 37% (Martínez, 2011, p. 1-6).

Tal vez, lo peor sea que hay muchos detalles y elementos que aún se desconocen por la opacidad del gobierno en la acción e información, y por falta de investigación oficial, ya que luego de algunas interpelaciones fallidas ante la Asamblea Nacional, éstas se descontinuaron y nunca se estableció una Comisión de la verdad que permitiera aclarar el rol de los actores principales de estos hechos.

Bajo el gobierno de Chávez, opinaba Mommer (2003), el país ha seguido empobreciéndose, aun cuando se intentaba revertir la actual tendencia, sin embargo, el gobierno fracasó en atraer a su lado al tren ejecutivo de PDVSA y "en la actualidad, los ejecutivos de la compañía que, de hecho, ya no estaban dispuestos a cooperar con la anterior Cuarta República, aún menos lo están con respecto a la Quinta". Esta conclusión le fue confirmada a Mommer por los sucesos que vivió el país en abril del 2002, al explicar que "el fracasado golpe de estado dejó atrás una situación muy fluida y el destino final de la política petrolera no se resolvió". Su conclusión fue que el gobierno de Chávez "tendrá que demarcar los tres roles del Estado, política e institucionalmente: como Soberano en general, como dueño de los recursos naturales y como accionista único de PDVSA. Al mismo tiempo, tendrá que definir un nuevo rol para el sector privado, nacional y extranjero. Dada la inestabilidad política venezolana, su éxito está en dudas".

En el caso venezolano han sido decisiones innobles y condenables el despido de alrededor de 23.000 trabajadores petroleros y su persecución sostenida a ellos y a sus familias, así como la coacción a empresas que los contratan, de fuerte repercusión en el futuro sobre todo en las áreas de producción y mantenimiento –es bueno recordar que los países del cono Sur luego de las dictadura de los años setenta, han tardado más de 30 años en recuperar a sus profesionales exiliados-, quedará pendiente en la sociedad del futuro; unir en un sola persona el cargo de ministro de Energía y Petróleo con el de Presidente de PDVSA no parece conveniente y esto más se asemeja a una excusa para facilitar trámites administrativos y financieros poco claros; la permanente discusión entre producir más –y menores precios-, y menor producción –y más altos precios-, cada vez luce como irrelevante frente a la demanda creciente –casi exponencial- en el mundo futuro, y esto habría que sopesarlo frente a los beneficios que brinde a su sociedad; en la actualidad esto frenó su desarrollo sensiblemente; las malas gerencias establecidas por el Gobierno han llevado a una de las industrias más importantes del mundo a la quiebra. Venezuela redujo en 12% su producción, menos de 466 mil barriles de petróleo diario se han dejado de producir, tiene una deuda de 43.716 dólares (2016), y está en una situación de estancamiento, como ya se explicó en páginas anteriores.

CAPÍTULO CUATRO. LA INSTITUCIONALIDAD PETROLERA: LA EMPRESA PETRÓLEOS DE VENEZUELA S. A. (PDVSA)

PDVSA fue creada en 1976 durante el gobierno de Carlos Andrés Pérez, y su primer Presidente fue el General Alfonzo Ravard, quien pudo equilibrar al mundo técnico con el político - que actuó con discreción en su relación con la nueva empresa-. Su primera labor fue llevar a cabo un complicado proceso de racionalización, manejando las 15 empresas operadoras existentes, de gran, mediano y pequeño tamaño nacionalizadas que fueron llevadas a cuatro empresas integradas de similar tamaño. La exploración se encontraba paralizada ya que las empresas concesionarias, frente al proceso de reversión a plazo fijo decretado, habían dejado de invertir en ese sector. Las reservas estaban al nivel de unos 18000 millones de barriles, suficiente para un poco más de 20 años de ese nivel de producción. Los yacimientos petrolíferos mostraban señales de agotamiento parcial. En resumen, PDVSA heredó una industria en franco decline.

El gobierno entendió que PDVSA debía manejarse con independencia en esta etapa. A su vez, la directiva de PDVSA, compuesta casi exclusivamente por petroleros retirados, o por personas de prestigio, pero sin experiencia directa en la industria, delegaron en las empresas filiales operadoras el manejo de la industria y limitaron su papel a supervisar la planificación, las finanzas y a asegurarse de que los proyectos fuesen de calidad y de alta prioridad, aspecto que sería controversial en el futuro. En esta etapa, por lo consiguiente, el papel del Ministerio de Energía fue de simple comprobación técnica, a posteriori, de lo que hacía la industria, mientras que el papel de la directiva de PDVSA fue de seguimiento de la actividad y de aprobación a priori de los presupuestos-programas de las empresas operadoras (Coronel, 2010). Es aquí donde se inicia la política de meritocracia, auto-financiamiento, apoliticismo, normalidad operativa y gerencia profesional de la nueva empresa.

El total de exportaciones en este período bajó de 2.156.000 barriles por día en 1976 a 1.800.000 barriles por día en 1981, aunque valor del paquete de exportación fue alto. Un aspecto negativo fue el incremento del consumo en el mercado doméstico, el cual pasó de 244.000 barriles diarios en 1976 a 369.000 barriles diarios en 1981, con precios altamente subsidiados. Esta es una situación que se iría a perpetuar y a empeorar, convirtiéndose en uno de los errores estratégicos y políticos más graves de todos los gobiernos siguientes. El número de empleados aumentó, pasando de 23.670 en 1976 a 42.353 en 1981, fundamentalmente por el inicio de las actividades de exploración y de producción que exigían mayor mano de obra.

A partir de 1981, comienzan a sentirse sus éxitos. Se consolidó como empresa petrolera de rango mundial. Los estudios y la exploración llevada a cabo durante estos años: las reservas probadas crecieron hasta llegar a los 65.000 millones de barriles en 1992, tres veces el nivel que tenían en 1976. Su capacidad de refinación se mantuvo alrededor de 1.200.000 barriles por día, el rendimiento de gasolinas casi se duplicó, pasando de 183 mil barriles por día en 1976 a unos 340 mil barriles en 1992. El combustible residual con alto azufre apenas fue de 240 mil barriles al día, la mitad de 1976. El consumo doméstico de gasolinas se incrementó, al pasar de 115 mil barriles por día en 1976 a unos 175 mil en 1992. La nómina de empleados siguió ampliándose, pero a menor ritmo, colocándose en 55.000 en 1992.

Durante 13 años PDVSA tuvo seis presidentes y juntas directivas: Rafael Alfonzo Ravard (1981-1983), Humberto Calderón Berti (1983- 1984), Brígido Natera (1984-1986), Juan Chacín (1987-1988), Andrés Sosa Pietri (1989-1991) y Gustavo Roosen (1992-1993). El período de cada presidencia fue acortado de cuatro a dos años.

Sin embargo, el nombramiento de Calderón Berti fue visto como una señal no deseada de politización, por su actividad partidista social cristiana, pero la junta directiva poseía algunos profesionales sin credenciales suficientes. El siguiente Presidente Jaime Lusinchi removió a Calderón Berti de la presidencia de PDVSA y en su lugar nombró al geólogo Brígido Natera, técnico de grandes méritos quien, aunque tuviera simpatías políticas por el gobierno de Acción Democrática, no influyó en su labor y no fue criticado por esto. Natera era un tecnócrata, poco dado a las apariciones públicas.

Durante su presidencia se adquirió la empresa refinadora Citgo en Estados Unidos y se contrató la operación de la refinería Isla en Curazao. En cierta forma, la internacionalización de la industria comenzó con Natera, aunque no se profundizaría sino varios años después. Natera repetía que la industria petrolera era "diferente" por su meritocracia: tenía disciplina en el trabajo, respeto por las normas, procedimientos y puntualidad (Ibid.). Terminó renunciando porque no pudo coexistir con un entorno que cada vez era más politizado. Su reemplazo, el geólogo Juan Chacín, fortaleció la estrategia de internacionalización. Ya en 1987 la participación financiera nacional se había triplicado, comparada a la de 1976. Las reservas probadas también se habían triplicado. La capacidad de refinación se había duplicado, gracias a la incorporación de refinerías en el exterior. La exportación se había estabilizado al nivel de 1,5 millones de barriles por día de crudos y productos.

La relativa relación armoniosa con el gobierno se fragmentó al llegar a la presidencia Andrés Sosa Pietri, quien le manifestó al Presidente Pérez al comienzo que era partidario de la explotación de la Faja del Orinoco, aumento de producción de crudos especialmente livianos –que llevaría a una producción de 3,5 millones de barriles al día-, la promoción acelerada de la petroquímica –para producir 10 millones de toneladas métricas-, gas y orimulsión –con una meta de 200 mil barriles diarios para 1995-, conversión profunda de refinerías, potenciar más la internacionalización adquiriendo más refinerías en el exterior y crear un modelo de asociaciones estratégicas con minoría de capital estatal pero garantizando el control estratégico de PDVSA, todo lo cual aspiraba hacer de esta empresa una corporación de ámbito realmente global –ideas incluidas como lineamientos incluidos en el VIII Plan de la Nación-. Así se puso en marcha el Plan de expandir PDVSA 1990-1996, transformándose ésta en una locomotora de un significativo crecimiento del PIB en 1990 y 1991 (Sosa, 2011, p. 4-8). El Presidente Pérez además de apoyar estos lineamientos para la nueva política petrolera, fijó la necesidad de efectuar una apertura petrolera, es decir, incorporar el capital extranjero especialmente en la Faja petrolífera con asociaciones estratégicas, de acuerdo al artículo 5 de la Ley petrolera, así como el desarrollo petroquímico; en relación con la meritocracia de PDVSA sostuvo que aunque se debía respetar y mantenerla incontaminada políticamente, ésta debía estar vinculada con el resto de la economía venezolana, uniendo a empresarios privados y gerentes petroleros, "y, desde luego, que la presidencia no fuera ejercida por un gerente petrolero" (Hernández y Giusti, 2006, pp. 230-237).

Los intentos de golpe ocurridos a partir de febrero de 1992 y la posterior defenestración de Pérez en 1993, dieron un frenazo a estos planes. Sosa Pietri fue reemplazado por Gustavo Roosen, un gerente profesional que se concentró en consolidar la empresa en los mercados internacionales. En 1991 la empresa produjo y vendió los volúmenes más altos en su relativamente corta historia, aprovechando la crisis del Oriente Medio. Sin embargo, la empresa entró en dificultades financieras debido a la necesidad de hacer inversiones cuantiosas para mejorar su capacidad de producción y a la existencia de una fuerte carga impositiva que llegó en ese año a representar el 82% de sus ganancias netas. El valor fiscal de exportación, que había sido aumentado al 20% -el valor de exportación se calcula a un 20% superior del valor real de venta, para efectos de pago del impuesto sobre la renta-.

En este sentido, Roosen dio pasos decisivos en el proceso que luego se llamaría "la apertura", que ya se había anunciado. La decisión de abrir las actividades de exploración y producción de PDVSA al capital privado nacional y extranjero fue considerada en su tiempo positiva porque se trataba de potenciar la capacidad de crecimiento de la industria mediante el aporte de recursos financieros, técnicos y gerenciales privados.

Al tratar este tema del proyecto de expansión tecnológica de PDVSA se llega a una encrucijada en la cual se encuentran de un lado la creciente intervención de la política en la industria y, de otro, los cambios que han transcurrido en estos 20 años en el mundo petrolero y que en forma progresiva ya se anunciaban, aunque tímidamente en PDVSA. Estos dos ejes constituyen el contexto en el cual se proyectará una nueva forma de ver a la industria nacional.

En efecto, desde los comienzos de la nacionalización ya se hablaba de los gerentes profesionales de la industria que se había adoptado como uno de sus objetivos principales para evitar la contaminación política y burocrática de la industria. Más aún, se propuso lo que Alberto Quirós denominó "la contaminación al revés", es decir, contagiar al resto de la administración pública con estos hábitos gerenciales de la industria petrolera. Esto era, por supuesto, algo ideal en un país como Venezuela, dado el pequeño tamaño relativo de la industria petrolera frente al gran aparato burocrático del Estado. Estas ideas eran parte de la llamada meritocracia, que los petroleros sentían que diferenciaba a su empresa, como ya se dijo antes en este capítulo, lo que significaba: disciplina en el trabajo, respeto por las normas y procedimientos y puntualidad, auto-financiamiento, apoliticismo, normalidad operativa y gerencia profesional. Argumento éste tal vez criticable en parte, pero que se ha repetido incesantemente en el ambiente de trabajo venezolano en donde estas nociones no dejan de sonar sorprendentes y que los políticos no cuestionaban, al menos públicamente. Pero ocurrió que en 1979 se comenzó a resquebrajar esta conducta por parte de los políticos al producirse el nombramiento de la nueva Junta Directiva. El nuevo ministro, Humberto Calderón Berti, permitió el cabildeo en el proceso de los nombramientos. En este aspecto, los gerentes de la industria esperaban que se cumpliera la promesa hecha por el gobierno anterior de nombrar un nuevo presidente y una segunda junta directiva con miembros activos de la industria petrolera.

El nuevo ministro de Energía y Minas, según el estudio de Gustavo Coronel (2010), llegó decidido a establecer un mayor control de PDVSA por parte del gobierno, actitud que encontró apoyo de los principales partidos políticos, y esto les llevó a pensar a muchos de ellos que podían manejar la industria tan bien como los técnicos, lo que dio motivo para que desde este sector se escucharan airadas expresiones contra gerentes profesionales tales como las que menciona Coronel: "ni siquiera parecían ser muy patriotas". Celestino Armas decía, desde el Congreso, "les hemos dado [a los técnicos] demasiada libertad", mientras que el líder comunista Radamés Larrazábal alegaba que "el estado debía tomar el control de la exploración de la Faja del Orinoco y establecer contratos tecnológicos de estado a estado". Hugo Pérez La Salvia, quien había sido ministro del sector durante la presidencia de Rafael Caldera-I, expresó "siempre he dicho que heredamos la gerencia de las multinacionales y creo que esos gerentes tienen una mentalidad derivada de su trabajo con las concesionarias" En otras palabras, desde esta fecha, el sector político comenzó a actuar directamente sobre los destinos de PDVSA.

De esta forma continuaron las intervenciones. En esa directiva varios de los miembros le fueron impuestos al General Alfonzo Ravard por el Ministro Berti y en septiembre de 1982, el gobierno de Luis Herrera procedió a controlar la inversión de PDVSA -aunque contra protesta general-, incluso Leopoldo Díaz Bruzuál, Presidente del Banco Central, llegó a decir que "la industria petrolera era poco productiva", con el fin de justificar la acción del gobierno. En septiembre de 1983, el gobierno de Luis Herrera nombró Presidente el hasta entonces Ministro de Energía y Minas, Calderón Berti, selección en la cual ayudaron miembros de la izquierda venezolana, "deseosa de penetrar políticamente la industria pero también miembros de los partidos políticos centristas, animados de un enfermizo resentimiento contra los gerentes petroleros", aparecen los comentarios de Gonzalo Barrios sobre los "gastos dispendiosos" en la industria, lo cual llevó a establecer el control previo para PDVSA.

Los nuevos paradigmas del negocio petrolero

La llegada reelecta de Rafael Caldera-II a la presidencia, en 1993, llevó al Ministerio de Energía y Petróleo a Erwin Arrieta, quien en una sorprendente decisión terminó de una vez con el sistema de ascensos basado en la meritocracia. Fue él quien recomendó al Presidente Caldera el nombramiento de Luis Giusti para la presidencia de PDVSA, que era en ese momento vicepresidente de Maraven, una de las empresas filiales, lo cual significó pasar nuevamente por encima de los presidentes de las filiales. Según Coronel (2010), "lo que parecería a muchos como un asunto meramente formal y sin importancia, fue para la gerencia de PDVSA el aviso del final de la meritocracia", decisión que causó desmotivación, a pesar de que el Presidente Giusti continuó hablando de meritocracia, pero este concepto ya había perdido mucho de su contenido y más bien "pasó a formar parte de la retórica vacía que los venezolanos acostumbran asociar con el mundo político", aunque los trabajadores continuaron respaldando su meritocracia, lo que no debiera extrañar a quien observe la cultura profesional y política venezolana.

Con la llegada de Giusti a PDVSA –período 1994-1999-, cambió la relación con el mundo político, tal vez con el fin de lograr que se respetara un poco el profesionalismo de la industria, aunque como señala Manuel Bermúdez (2001) y Emma Brossard (2001) durante este período la industria vio salir a varios de sus gerentes de primera línea. En realidad, el problema no sólo era de estilo, sino también de la retórica de Giusti y su equipo, quien hablaba un nuevo discurso, una nueva sintaxis y una nueva forma de presentar los contenidos, que muy pocos comprendieron en aquella época e, incluso, después. En síntesis, se podría decir que el problema central que planteaban los técnicos de PDVSA a mediados de los años noventa en sus conflictos, luego de varias crisis y bonanzas, era en el fondo, el dilema que tenía el Estado petrolero venezolano de cómo distribuir el excedente de sus ingresos para sustentar de una parte, un gasto fiscal creciente y, a la vez, de la otra, dejar excedente para que la industria invirtiera en su desarrollo. Esto no significaba otra cosa que entender e interpretar que este dilema comportaba en si una larga cadena histórica de desafíos y retos que ha tenido que sostener el Estado venezolano primero con las empresas operadoras, y luego de la nacionalización, con PDVSA, en esta molesta disputa por un reparto ya estudiada. Por eso es que existan lógicas o explicables diferencias entre el Ministerio de Energía y Minas y PDVSA. Este es el centro del problema que Giusti intentó abordar en 1996. En términos más técnicos, es la diferencia entre los que al pensar en el petróleo lo ven como una ecuación entre capital y renta y los que tiene en perspectivas un plan de negocios –a ejecutar por PDVSA- y de apertura al capital privado transnacional para expansión en la producción –que sólo requiere aprobación del Estado-. La solución, mientras se pudo sostener, fue la de tender un puente con el gobierno y el sector político en un contexto de crisis social aguda para sobrepasarla. No fue tarea fácil esto, sobre todo si se quiere sostener la meritocracia que quedaba aún en la industria porque ya estaba claro que el campo político y administrativo pertenece al Estado y tras una débil raya divisoria estaba el campo gerencial y operacional que dominaba PDVSA. Más claro aún, los que todavía veían a PDSA como una empresa mercantil y los que la veían como una dependencia del gobierno y al petróleo como un asunto de Estado.

Toda esta explicación es para entender que el tiempo había ido cambiando las cosas, aparecían nuevas ideas, nuevos lenguajes y nuevas adaptaciones a estos nuevos tiempos que se vivían. Como ejemplo de estas nuevas ideas surgidas se puede mencionar que vino el cuestionamiento al Petroestado, citado por Terry Lynn Kart (1977) ya mencionado en el capítulo anterior, ante el cual Alberto Quiróz Corradi (1997b, pp. 126-129) opuso el concepto de nación, que son todos los venezolanos -representado jurídica y políticamente por el Estado-entendiendo por tanto, que los yacimientos petroleros y las riquezas naturales "no son del Estado sino de toda la nación... por lo que incorporar a los venezolanos a la propiedad de esa empresa (nacionalización) es el comienzo de una nueva era para la construcción de una sociedad moderna y participativa", lo cual iba en consonancia además con lo expresado en los informes de PDVSA que hablan de que la nación es su accionista.

De esta forma, los informes desde 1996 en adelante son insistentes en hablar de la función del mercado, especialmente el internacional, el crecimiento en volumen, integración del negocio, creación de valor para el accionista, competitividad, visión global, corporación energética sólida, moderna, flexible y dinámica, aunque lo central será la idea de negocio o cadena de negocios. Estas son las ideas puestas en boga por las teorías gerenciales modernas, actualizadas, que portan una jerga particular. De hecho, la apertura petrolera es un plan de acción dentro de la concepción de un negocio en sintonía con los lineamientos de organismos multilaterales como el FMI, BM y del BID, de abrir las economías a la competencia internacional, de abrir al mercado las economías protegidas o cerradas en sí mismas, y producir la entrada de los mercados mundiales y el retiro de la acción del Estado, lo que significa concretamente, reducir el tamaño del Estado, la burocracia y el gasto público.

En conclusión, la propuesta de Giusti estaba en estrecha relación con el libre mercado, con un estado reducido y cuyas actividades de producción petrolera correspondían a la sociedad, es decir, al sector privado de la economía. Como expresara un ejecutivo de la industria en 1998, fue "no sólo… un cambio en el concepto de negocio, sino un cambio generacional", dentro de la propia empresa primero que se llevaría luego al país. De aquí que Giusti incorpore en su propuesta un cambio cultural que intenta transformar a la sociedad misma desde estos principios (Villalobos, 2005). Esta conclusión deshizo el puente iniciado en 1996 especialmente con el sector político que reaccionó con ímpetu e influencia, al ver en este proyecto una amenaza seria a sus espacios y posiciones dentro de la sociedad civil.

La reacción de Giusti -en conjunto con PDVSA-, no se dejó esperar y esto dio inicio en el país a una amplia y fuerte discusión sobre la función de la política y de los políticos en el futuro de Venezuela, época en la cual, 1988-1989, a consecuencia de esto, tal vez, se producirá por una parte, la desintegración de la partidocracia, entrando en escena significativamente primero nuevas agrupaciones como el Movimiento al Socialismo -MAS- y otros pero que ya en 1999 haría crisis con el desprestigio general del esquema político tradicional que imperaba en el país, en donde actuaron personalidades políticas, como Rafael Caldera y otros políticos, actores económicos y comunicacionales, con el fin de sustituir una clase dirigente nacional percibida como corrupta, aunque como expresa Ángel Álvarez (2010, p. 1-2), "sin apercibirse en que la destrucción de AD y Copei implicaba la desaparición de la institucionalidad. Así se dejó abierta la puerta al personalismo. Eso ocurrió en Alemania de entreguerras y surgió Hitler. Aquí dimos un salto atrás similar".

101

Por otra parte, este año de 1989 fue un año muy importante por ser el momento en que el país empieza a conocer las ventajas del proceso de la descentralización política y administrativa del Estado, que dio origen al cambio político más importante del siglo XX en Venezuela, cuando emergen nuevos factores y estructuras políticas, renovadoras, que no provendrán ni del estamento militar ni de los partidos tradicionales, éstos ya sumergidos en una profunda crisis. En la formulación de este nuevo espacio de ideas y la discusión de esta novedosa propuesta, PDVSA con su poder financiero pareció no estar exenta de cierta responsabilidad.

La apertura petrolera

La propuesta denominada apertura petrolera, atribuida a Giusti (2003), en su introducción plantea las bases sobre la cuales descansa el proyecto, al expresar:

> Como resultado de complejas transformaciones en las esferas productiva, del consumo, tecnológica y organizacional, de la economía mundial, experimentadas en los últimos treinta años, las transacciones petroleras y las estructuras en las cuales ellas se enmarcan han vivido un cambio cualitativo que ha hecho real la configuración de un mercado de libre oferta y demanda, así como la conversión progresiva del petróleo y sus derivados en un bien transable (commodity) a nivel internacional.

Los elementos principales de esta estrategia apuntaban en cinco direcciones básicas:1) expansión gradual y sostenida de la producción a ser colocada en los mercados; 2) Apertura del sector de hidrocarburos a la participación del capital privado, nacional y extranjero. 3) Ampliación de la `base constituyente'; modificación del sistema de rendición de cuentas de la industria nacionalizada ante la sociedad, y reducción de la absoluta discrecionalidad que tenían los gobiernos sobre las actuaciones de Pdvsa, y 4) Impulso al cambio del vínculo cultural entre petróleo y sociedad.

De su investigación sobre los "controles artificiosos" que operan en el mercado del petróleo, Giusti concluye que la vertiginosa evolución tecnológica de las operaciones petroleras se ha traducido en costos significativamente menores, que hoy día no existe la disposición a retirar grandes volúmenes del mercado, como fue el caso en 1986 y que durante más de dos décadas, la OPEP cumplió la función de swing (pone lo que falta) y ese mecanismo fue efectivo para el fortalecimiento de los precios, pero actualmente está muy claro que la OPEP, abasteciendo solamente el 37% de la demanda total, no puede controlar los precios. Por estas razones, el petróleo se torna cada vez más en un bien transable (en el idioma inglés, la palabra commodity se utiliza para designar a cualquier bien disponible en el comercio o materia prima que es transable, que se comercializa), lo cual lleva a concluir que el control estratégico de algunas empresas trasnacionales es altamente improbable y estima que de aquí en adelante los precios serán bajos -esto se veía venir, aunque para nadie fue posible predecir lo ocurrido en 1998 y 2013-, y el reto es eficiencia y reducción de costos. Esto se logra con mejores tecnologías, mayor productividad, rediseño de procesos de trabajo, optimización de capital de trabajo, venta de activos improductivos y menores costos de administración. Sobre estas bases se definieron y diseñaron los planes de apertura, desde principios de los años ochenta, con la intención de fortalecer la posición de PDVSA en los mercados internacionales y en especial con los mercados de Estados Unidos y Europa, estrategia conocida como internacionalización.

El Programa de la apertura petrolera, según el informe presentado por Giusti, en forma esquemática y resumida, contemplaba los siguientes aspectos:

1. Sobre el marco legal vigente. La Ley Orgánica que Reserva al Estado la Industria y Comercio de los Hidrocarburos (Ley de Nacionalización) prevé que para desarrollar las actividades petroleras Pdvsa puede celebrar convenios de operación o de asociación con empresas privadas, exigiéndose para las de asociación, la previa aprobación del Ejecutivo Nacional y del Congreso de la República. En este sentido se contemplaron los siguientes convenios: (1) Convenios operativos para la reactivación de campos, que comprende los siguientes tipos, (2) Exploración a riesgo y ganancias compartidas, que permiten, mediante licitación, trasladar a empresas privadas el riesgo asociado a la actividad exploratoria en áreas nuevas y, en caso de que haya un descubrimiento comercial, también permite la participación de Pdvsa, a través de la filial CVP, hasta en 35 por ciento de la sociedad que se forme para desarrollar los campos y comercializar los hidrocarburos, (3) Asociaciones estratégicas para crudos de la faja del Orinoco, verticalmente integradas que exploren y desarrollen los crudos en el campo de producción, los cuales serán transportados mediante oleoductos al Complejo Industrial de Jose, (Estado Anzoátegui), (4) Empresas mixtas en el sector petroquímico, en lo cual se proyecta convertir a Pequiven en una empresa de capital mixto, (5) Orimulsión, se abre la posibilidad de participación del sector privado en la ejecución de proyectos destinados a la manufactura de orimulsión. En este sentido, la filial Bitor, con la aprobación del Congreso Nacional, ha venido promoviendo la creación de empresas de capital mixto. En esa época se exportaba orimulsión a Canadá, Dinamarca y Japón, con buenas expectativas comerciales en Italia, y países asiáticos.

2. Integración del petróleo a la sociedad. El petróleo seguirá siendo por mucho tiempo factor dinamizador de la economía venezolana, pero ya no solamente en forma de renta para el Estado, sino como agente que además propicie la inversión, la creación de nuevas empresas y la conquista de nuevos mercados, en la búsqueda de hacer aportes efectivos al desarrollo nacional y a la calidad de vida del venezolano, por lo que Pdvsa ha creado el Fondo de Inversiones Petroleras (Sofip) con el propósito de buscar instrumentos financieros de participación para el sector privado, de manera de canalizar ahorros de particulares hacia actividades que están en la cartera de negocios de la corporación. Mediante estos instrumentos, los venezolanos podrán adquirir directamente o a través de ingresos provenientes de fideicomisos laborales, fondos de ahorros, fondos de jubilación e instituciones financieras, títulos ofrecidos a los mercados de capitales, y de esta forma invertir en los negocios y proyectos relacionados con la industria petrolera, tales como desarrollo de áreas nuevas, asociaciones estratégicas, contratos operacionales, orimulsión, carbón, petroquímica, gas , natural y actividades no medulares, entre otros.

3. Transformación de PDVSA. En cuanto a la estructura organizacional, se analizaron varias opciones, escogiéndose la que crea mayor valor a la corporación y a la nación: la funcional, que consiste en una empresa llamada PDV Petróleo y Gas, constituida por tres unidades estratégicas de negocio: Exploración y Producción, Manufactura y Mercadeo, y Servicios, en las cuales se consolidaban todas las actividades que realizaba con estos nombres, antes efectuadas por las filiales y otras empresas de PDVSA. La casa matriz sustituyó a las siete coordinaciones anteriores por cuatro vicepresidencias

corporativas: Finanzas, Planificación, Recursos Humanos y Relaciones Externas.

La secuencia de eventos que formaron parte de la transformación de Pdvsa se inició con la creación del Grupo de Transformación en abril de 1996 y su Implantación definitiva sería enero de 1998. El Plan de negocios establecido para 1998-2007 alcanzar una producción de 2,98 millones de barriles diarios entre 1994-1997, y 6,9 millones entre 1998-2007, con una inversión de USD$ 65 millones, a ser compartidos con el sector privado, ingresos de USD$ 190 millones y una tributación del 15% del PIB. La fuerte caída de los precios en 1997 debido a la crisis asiática y otros factores ya vistos, retardo esa continuación, así como la ascensión del nuevo gobierno bolivariano que hizo inviable todo su cumplimiento.

Muchos de estos proyectos de la apertura recibieron una fuerte crítica, como considerar una proyección muy optimista de la producción, excesiva inversión, objeciones a la inversión privada, que rotularon como privatizaciones e, incluso la nueva estructura de PDVSA, que curiosamente se logró concretar y que se ha prolongado hasta el presente aun con los problemas encontrados. Sin embargo, nadie ha objetado el marco inicial que daba salida a un problema endémico en el negocio petrolero, cual era analizar los factores que intervienen en el mercado internacional. Lo de la empresa única era una cuestión que se venía arrastrando desde 1974-1975, cuando los que deseaban una estatización deseaban ver a una sola empresa petrolera, un monopolio del estado, bajo control del ministerio del sector – CVP, en esa época- y los nacionalizadores y los gerentes de la industria, que pensaban que una sola empresa estaría condenado al fracaso, tal y como ha sucedido en casi todos los países con monopolio estatal del recurso. El modelo aceptado inicialmente, único en el mundo, de cuatro filiales operadoras, integradas bajo una casa matriz de coordinación estratégica y financiera, garantizó el éxito de PDVSA por 20 años. Sin embargo, este modelo tuvo un costo por duplicado de personal y mayores costos, pero permitió la formación gerencial y la comparación de la eficiencia entre las filiales.

La empresa única o, peor aún, diferentes empresas funcionales, se hubiesen convertido rápidamente en centros de costos, incapaces de medir su eficiencia. Bajo la presidencia de Giusti se decidió, no sin disputas, a favor de una empresa única, con divisiones que pretendieron ser unidades de negocios, pero que resultaron ser grandes divisiones por función. Alberto Quirós dijo, en su momento, que ello convertía a los directores de PDVSA en operadores directos, perdiéndose la visión corporativa.

PDVSA bolivariana

Con la llegada de Hugo Chávez a la presidencia de la República en 1999, comienza una época distinta a lo relatado hasta ahora. La reforma petrolera impulsada por el gobierno de Chávez se fijó como primera y más urgente tarea propiciar la recuperación y en lo posible el aumento de los precios. En el logro de este objetivo el gobierno se anotó un éxito, vía conflictos internacionales en países petroleros, así como también en el deseado fortalecimiento de la OPEP. Se modificó el régimen fiscal pertinente, en especial lo relativo a las regalías, por excelencia el mecanismo para compensar al propietario por la explotación de su recurso natural. Con la reforma los montos de las regalías se incrementan a una quinta parte en el caso de la explotación de gas y de casi un tercio (30%) en la explotación de hidrocarburos líquidos, aunque se mantuvo la posibilidad de que, por razones comerciales, el monto de la regalía pueda ser disminuido, lo que quedó en manos del Ministerio de Energía y Minas tal evaluación y decisión. Con el propósito de defender los ingresos fiscales de origen petrolero, la reforma contempló el diseño de mecanismos que "protejan", desde un punto de vista tributario, las actividades más rentables del negocio, como es en la extracción, donde las compañías petroleras obtienen sus mayores beneficios, aislando a estas actividades con un "cerco protector fiscal" que garantiza al Estado que no se produzcan evasiones tributarias mediante transferencia de costos de unas actividades a otras o con precios de transferencia diferentes a los del mercado.

Cuando en 1975 se debatió el proyecto de la que terminaría siendo la Ley orgánica que reserva al Estado la industria y el comercio de los hidrocarburos, llamada Ley de Nacionalización, la mayor pugnacidad se centró en el contenido del artículo quinto. En ese artículo el Ejecutivo agregó un segundo párrafo al presentado por la comisión presidencial designada para ese efecto y abrió la posibilidad de que "en casos especiales" podrían celebrarse "convenios de asociación con entes privados, con garantía de control por parte del Estado". En su momento el debate estuvo en torno a la posibilidad de permitir o no la vuelta del capital privado a la actividad petrolera por nacionalizarse. Ese artículo fue aprobado con los únicos votos de las fracciones parlamentarias de Acción Democrática y Cruzada Cívica Nacionalista. La actual reforma no niega tal posibilidad de establecer asociaciones entre la empresa pública y entes privados, pero ordena que en ellas debe haber una mayoría de acciones en manos del Estado. La reforma plantea así mismo profundizar en la industrialización de los hidrocarburos en el país. En gobiernos anteriores, la cesta venezolana de exportación está compuesta por alrededor de 60% de crudos y el restante 40% de productos derivados, que ahora invertía esos porcentajes en un plazo relativamente breve y continuar avanzando en la incorporación de valor agregado nacional en la cesta de exportación.

La reforma petrolera impulsada por el gobierno de Chávez está contenida en dos instrumentos: la Ley Orgánica de Hidrocarburos Gaseosos, aprobada en septiembre de 1999 mediante la primera ley habilitante otorgada al Presidente, y la Ley Orgánica de Hidrocarburos, aprobada en noviembre de 2001 con la segunda ley habilitante, dentro del muy conflictivo paquete de 49 leyes ya mencionados en capitulo anterior -Gaceta Oficial N° 36.793 del 23 de septiembre de 1999 y Gaceta Oficial N° 37.323 del 13 de noviembre de 2001-. En el artículo 203 de la Constitución de la República Bolivariana de Venezuela está contemplada la posibilidad de que la Asamblea Nacional, mediante el voto favorable de una mayoría calificada, delegue en la Presidencia competencias legislativas propias de la Asamblea. Es por ello que este fue un recurso plenamente legal. Pero, visto a la distancia, el haber aprobado leyes trascendentes del proyecto oficial por esta vía no parece haber sido lo más apropiado.

Luego del conflicto de la meritocracia, el gobierno cesó de sus funciones a más de la mitad de los empleados y técnicos, y a casi totalidad del personal gerencial de la empresa, lo que para muchos significó que la corporación en la práctica dejaba de existir (Espinasa, 2006, p. 163). En noviembre de 2004, Rafael Ramírez fue nombrado el sexto Presidente de PDVSA, que asumió y se mantuvo hasta 2014, manteniendo, además las funciones de Ministro de Energía y Petróleo, en donde los viceministros son a la vez, los vicepresidentes de PDVSA, lo cual significó que la empresa pasó a ser una dependencia más de Ejecutivo nacional y el Presidente de la República es quien presenta sus planes.

Desde esa fecha sus empleados son forzados a ser "rojo-rojitos", comienzan a multiplicarse los derrames de crudo en el Lago de Maracaibo, aumentan los accidentes industriales, se deja de lado el mantenimiento preventivo de las instalaciones y se produce la conversión de la petrolera en una empresa importadora y distribuidora de comida. Como señala ahora - 2016- la página web de PDVSA,

> Petróleos de Venezuela S.A. es la corporación estatal de la República Bolivariana de Venezuela que se encarga de la exploración, producción, manufactura, transporte y mercadeo de los hidrocarburos, de manera eficiente, rentable, segura, transparente y comprometida con la protección ambiental; con el fin último de motorizar el desarrollo armónico del país, afianzar el uso soberano de los recursos, potenciar el desarrollo endógeno y propiciar una existencia digna y provechosa para el pueblo venezolano, propietario de la riqueza del subsuelo nacional y único dueño de esta empresa operadora. Por mandato de la Constitución de la República Bolivariana de Venezuela, la totalidad de las acciones de Petróleos de Venezuela S.A. pertenecen al Estado Venezolano, en razón de la estrategia nacional y la soberanía económica y política, ejercida por el pueblo venezolano.

La empresa desde 2007 ha mantenido una política de precios planificada desde el inicio del gobierno, para lo cual ha disminuido la producción, aunque expresa que un logro es haber producido un promedio de 2,9 mbd -menos de lo que la empresa producía antes de la llegada de Chávez al poder-, lo cual no parece real dado de que desde 2014 ese precio comenzó a colapsar. Las exportaciones declaradas son del orden de los 2,4 mbd, lo cual luce irreal que teniendo una producción de 2,9 mbd y un consumo doméstico de más de 700.000 barriles al día, puedan exportar 2,4 millones de barriles, porque la suma de la exportación más el consumo doméstico llega a los 3,1 millones de barriles diarios. La opacidad es manifiesta.

En 2016 mantiene la misma cifra de la exportación petrolera, su costo de producción es de 13 USD, manteniendo convenios firmados para suministro por el país con Petrocaribe y con China, ventas a futuro que afectan su flujo de divisas y su aporte fiscal, lo que ha obligado a PDVSA a recurrir a endeudamientos agresivos para cumplir sus obligaciones fiscales, llegando a lo que Asdrúbal Oliveros predice llagar a un punto crítico de producción y exportación, por lo que presume que en los próximos años tendrá problemas operativos y laborales.

A esto se debe agregar que tiene en su nómina a más de 120.000 empleados, más del triple de los que tenía hace diez años, no entrena a sus gerentes, sus refinerías trabajan a dos tercios de su capacidad. En 2007, en el Plan de expansión de la producción formulado –muy similar a los del pasado-, al tener dificultades para implementarlos, lo realizan empresas transnacionales, porque "eso lo saben muy bien quienes llevaron al sector petrolero venezolano donde hoy se encuentra" (Espinasa, 2006, p. 163).

Sin embargo, como ha observado Allan R. Brewer Carías (2007), en materia legal de la industria petrolera, la situación cambió radicalmente en el 2000, pues "se produjo un proceso de desnacionalización petrolera, volviéndose en algunos sectores de actividad al esquema de las "concesiones" que había sido abolido en 1975, aún con otro nombre". El artículo 302 de la Constitución de 1999, modificó el texto de lo que era el artículo 97 de la Constitución de 1961, y pretendió establecer directamente en su texto la reserva al Estado de la industria petrolera, En esta forma, los principios relativos a la reserva de la industria, puede decirse que adquirieron rango constitucional, pero el ámbito de la reserva resultó completamente flexible pues quedó sujeto a lo que dispusiera la "ley orgánica respectiva". Es decir, la reserva al Estado de la industria petrolera a lo que condujo fue al inicio de lo que puede denominarse como la desnacionalización de la propia industria -al dictarse, en 1999, la Ley Orgánica de Hidrocarburos Gaseosos y, en 2001, la Ley Orgánica de Hidrocarburos-.

Además, con motivo de la propuesta de algunos constituyentes ante la Asamblea Nacional Constituyente, de constitucionalizar también la propiedad exclusiva del Estado sobre las acciones de Petróleos de Venezuela S.A., en la Constitución de 1999 se agregó que se exceptuaba de esa reserva, la propiedad de las acciones "de las filiales, asociaciones estratégicas, empresas y cualquier otra que se haya constituido o se constituya como consecuencia del desarrollo de negocios de Petróleos de Venezuela, S.A". En esta forma, opina Brewer Carías, la reserva de la propiedad de las acciones establecida constitucionalmente sólo quedó referida a las de Petróleos de Venezuela SA (PDVSA), es decir, a las del holding petrolero, pero no a las de sus empresas filiales, respecto de las cuales incluso la constitución "aclaró" que las mismas sí podrían ser enajenadas.

Por esta razón, conforme a la nueva Ley de Migración a Empresas Mixtas de los Convenios de Asociación de la Faja Petrolífera del Orinoco, así como de los Convenios de Exploración a Riesgo y Ganancias Compartidas, Decreto Ley 5200 de febrero de 2000, en relación con las actividades que ejercieron las antiguas asociaciones estratégicas de la Faja Petrolífera del Orinoco -Petrozuata, S.A.; Sincrudos de Oriente, S.A., Sincor, S.A., Petrolera Cerro Negro S.A y Petrolera

Hamaca, C.A; los convenios de Exploración a Riesgo y Ganancias Compartidas de Golfo de Paria Oeste, Golfo de Paria Este y la Ceiba, las empresas o consorcios que se habían constituido en ejecución de los mismos; la empresa Orifuels Sinovensa, S.A, al igual que las filiales de estas empresas que realizaban actividades comerciales en la Faja petrolífera del Orinoco, y en toda la cadena productiva, se ordenó que fueran transferidas a nuevas empresas mixtas, en las cuales participó el capital privado.

La periodización política de la historia venezolana en el siglo XX encasilla y distorsiona la imagen de las instituciones creadas y que han adquirido prestigio frente a su sociedad, ha expresado Jorge Olavaria (1999, p. H-6), quien estuvo muy cercano al Presidente Chávez en su campaña electoral y que luego de su ascensión a la Presidencia se alejara de él al conocer sus planes concretos, motivo por lo cual denominó a Chávez, "el destructor", al conocer sus objetivos para abatir a tres acreditadas instituciones nacionales prestigiosas para los venezolanos: las Fuerza Armadas, que de acuerdo al perfil político de Chávez que él observa, son un factor fundamental de su régimen, aunque advierte que "su mecanismo de legitimación y camuflaje democrático es la Constituyente... [porque su propósito] es desmontar la estructura institucional de las Fuerza Armadas, como cuerpo disciplinado, apolítico, al servicio de las instituciones del Estado democrático y no de una persona o parcialidad". Igual ha sucedido en el caso de la Iglesia, en donde Olavarría expresa que lo que le interesa al gobierno es "doblegar a la Iglesia. El silencio o la ambigüedad, es su objetivo".

PDVSA era la tercera institución a socavar. Porque "PDVSA es uno de los mayores logros, sin no el mayor, de la Venezuela del siglo XX", que en su largo transcurrir ya reseñado, "sentaron en sus días, pautas y ejemplos de valor universal que fueron reconocidos e imitados por otros países petroleros. Todo eso es bueno recordarlo, porque la destrucción de Petróleos de Venezuela y todo lo que ella significa, es una de las más serias amenazas que se evidencian con la presencia de Hugo Chávez en la Presidencia de la República".

La era pospetrolera

La Venezuela del futuro, será sin dudas una en donde los privilegios que otorgó el ingreso de la exportación petrolera según la mayoría de los analistas del tema, disminuirá significativamente, hasta llegar incluso en un tiempo aún lejano por recorrer, a desaparecer como tal. Por esta razón, la única forma de abordar ese futuro es formular desde ya una propuesta de cambio imprescindible en su estructura económica, social y cultural.

La condición petrolera alcanzó su clímax entre 1980 y 1981 y desde entonces comienza a mermar (Baptista, 2004, p. 48), por eso el país deberá enfrentar una situación nueva pero no desconocida para muchos países que no tuvieron este privilegio y esa etapa durará sin duda alguna, un largo y aflictivo período. Los años recorridos desde los años ochenta a la fecha, llamados de crisis, ya forman parte de este largo viaje.

Explica Baptista (p. 62) que, si tuviera que escoger entre todas las crisis posibles económicas que una sociedad puede enfrentar, "esta crisis nuestra debiera ser la primera opción... porque esta inadecuación entre la oferta potencial el país y su demanda real, por lo demás, explica, el desestimulo a la inversión, la caída en picada de la productividad del salario real, del empleo, de la tasa de beneficios, en suma, la caída del ritmo de la actividad económica".

En efecto, la Venezuela de los años sesenta era un país virtualmente desarrollado, era un desarrollo capitalista independiente que tenía en su haber una marcha recorrida de varias décadas, no era como muchos otros países petroleros un país que transitaba una salida del colonialismo o una sociedad feudal. ¿Qué fue lo que sucedió? Al final de esta larga expansión económica que venía desde los años veinte -con una expansión entre 1946 y 1958 vertiginosa, con inversión privada entre 20-20% el PIB-, cuyos índices estaban a la par de los Estados Unidos, pero como señala Baptista, en cuya democracia aparecieron "líderes pretenciosos" que frenaron este desarrollo hasta detenerse (Ibid., 2002, p. 75).

Según este autor, el eje de este desarrollo petrolero se sustentaba en tres vías, adoptadas como decisiones políticas: (1) destinar los ingresos petroleros masivamente a la inversión para producir bienes y servicios, (2) dejar la paridad con el dólar sobrevalorada para facilitar la importación que requería la base productiva del país, y (3) evidenciar la estrechez del mercado y la escasez de su crecimiento para absorber su producción. Este esquema, marcaron el carácter del desarrollo pasado y pudo continuar sellándolo. Baptista señala que una lección que deja este diseño es que la decisión de la inversión "dista mucho de la que es óptima y racional" porque además debe considerar "la capacidad de consumir", además de que si se adoptan las ideas de Peter Drucker (2002, p. 203), se observará que este asesor internacional del desarrollo se distancia de aquel énfasis económico –"It´s the economy, stupid"- tan en boga en los años noventa, para cambiarla por una visión hacia el siglo venidero en que la expresión será ahora "it´s the society, stupid", dejando ver que no es tan claro que la economía genere un desarrollo y cultura.

En definitiva, lo que se plantea es que el país acusará una pérdida progresiva de sus ingresos petroleros para sostener su crecimiento. Baptista (2004, p.48) plantea una situación simulada para conocer el alcance de este cambio, esta es que repentinamente desaparecen los ingresos petroleros y que se hace necesario contar con ese monto equivalente en dólares que el petróleo daba. En este caso, si se asume que la rentabilidad del capital internacional es de alrededor de 10% anual, esto significa que se requeriría un capital de USD$ 150 mil millones de dólares para igualar ese ingreso, además de que la mano de obra tendría que tener una productividad igual o mayor a la más alta del mercado de trabajo mundial y generarse una producción de bienes para ofertar al mercado externo, como lo es el petróleo hoy en día. Esta es la magnitud de la tarea y, de ser posible y viable, manteniendo y mejorando su sistema democrático y sin desmejorar las condiciones socioeconómicas alcanzadas por su sociedad.

El petróleo seguirá por un tiempo siendo importante en el mundo y el país también seguirá disfrutando del valor de sus exportaciones, aun menguados, todo lo que se haga se deberá en gran parte al petróleo, pero "hay evidencias sustantivas que muestran cómo el ingreso petrolero (rentístico) ha venido perdiendo su capacidad dinamizadora de la economía nacional" (Baptista, 2010), ya no alcanza y si no se emprenden las necesarias inversiones "no hay futuro. Veremos al país empequeñecerse, empobrecerse y reducir su grado de bienestar paso a paso" (Fermín, 2010).

CAPÍTULO CINCO. LA RENTA PETROLERA

Los efectos amargos del petróleo.
El petróleo ha traído grandes beneficios y avances a la sociedad en su conjunto por muchos años y los seguirá trayendo en el futuro. Sin embargo, a lo largo del tiempo también se han observado efectos considerados por la literatura como perversos o adversos, que han generado estudios y teorías tratando de explicar sus causas y los mecanismos de cómo actúan. En esta sección se hace un recuento de estos efectos, con énfasis en el caso venezolano.

La información más general de estos efectos data de los hallazgos que dicen relación con la observación de países que con escasez de recursos naturales tienen un alto crecimiento económico y, en general, un desarrollo superior a los países con abundancia de estos recursos. La historia de la economía recuerda los casos de Holanda, que en el siglo XVII superó en desarrollo a España, país que recibía ingentes recursos minerales de oro y plata provenientes de sus colonias en el Nuevo Mundo americano; luego se señalan los casos exitosos de Suiza y Japón, con escasez de recursos, en comparación con Rusia, y desde los años cincuenta del siglo pasado se remiten los exitosos países que se han constituido en lo que la economía cita como Nuevas Economías Industrializadas (NIE), emergentes de Medio Oriente -Corea, Taiwán, Hong Kong y Singapur-, mientras muchos países opulentos en recursos naturales entraban en profundas crisis como lo han sido México, Nigeria y Venezuela.

Esta situación ha llamado la atención porque ha sido notorio que muchos países petroleros han intentado diversificar sus inversiones con sus ingresos del crudo y así dar el gran salto al desarrollo. El caso de Venezuela con su slogan de "sembrar el petróleo" ha sido uno de estos ejemplos y ha sido destacada la histórica idea existente de que un país que posea minas de carbón o hierro tendría la clave para el desarrollo de su industria del acero durante el siglo XIX, como fueron los casos e Inglaterra, Alemania y los Estados Unidos, que poseyendo estos recursos tuvieron un rápido desarrollo industrial.

En estos últimos casos se ha observado también que los costos de transporte de estas materias primas son decisivos en su éxito, a mayor costo del transporte, su disponibilidad para la economía local se considera básica para la incorporación de una nueva tecnología o una nueva industria, y lo contrario, con costos de transporte bajos o declinando, estos recursos no serían tan decisivo en el desarrollo en la época actual, como lo fue hace un siglo atrás, o como lo ilustran los exitosos casos de Japón y Corea, que son grandes productores mundiales de acero a pesar de su absoluta dependencia de las importaciones de hierro. No obstante, aunque los recursos naturales no fueran tan decisivos en el crecimiento económico, sorprende que sean una desventaja y antepone la gran duda de si no sería ésta la paradoja de la abundancia de recursos (Sachs y Warner, 1997, p.2-3).

Muchas teorías ha tratado de explicar esta relación negativa o inversa, aduciendo factores políticos, económicos, sociales, el facilismo y la pereza, externalidades positivas al comparar recursos naturales con industriales, la denominada enfermedad o mal holandés de 1970 y 1980, una división del trabajo más compleja entre ambos sectores, el boom de las materias primas que en los años setenta promovió otra dimensión a estudiar, la de la desindustrialización –o mal holandés-, la calidad de las instituciones judiciales y de gobierno -o calidad de las instituciones, que estarían positivamente asociadas al crecimiento-, la apertura comercial y otras similares.

La investigación de Michael Ross (2001), a nivel global, ha sido un serio intento por dar con las claves para explicar estos efectos, especialmente los referentes a la variable democracia. Investigación efectuada entre 1991 y 1997, con datos de 113 estados, cuya intención era la de aclarar algunos de estos efectos, para lo cual construyó un modelo básico cuyas variables independientes eran: petróleo, otros minerales, influencia del Islam, impuestos, países OECD (Organización para la Cooperación Económica y el Desarrollo), régimen de gobierno y años. En la sección siguiente de este ensayo se seguirá su desarrollo según el orden del esquema propuesto.

El efecto rentista

La mayor parte de los gobiernos de Medio Oriente -incluyendo al Norte de África- se consideran "estados rentistas" o "petroestados", debido a que reciben una gran parte de sus ingresos de las rentas externas; en el caso de Arabia Saudita, Bahrain, Emiratos Árabes Unidos, Omán, Kuwait, Qatar y Libia, esta renta proviene de la venta por exportación de petróleo; Jordania, Siria y Egipto, también reciben rentas de pagos por el uso de oleoductos y del paso por el Canal de Suez. Asimismo, las remesas de trabajadores emigrantes son importantes para Egipto, Yemen, Siria, Líbano, Túnez, Argelia y Marruecos, aunque estas rentas van a actores privados, no al Estado. Los flujos de ayudas económicas privadas o de instituciones benéficas que reciben Israel, Egipto y Jordania, también se consideran un tipo de renta. Mayor detalle sobre el concepto de la renta petrolera se analizará más adelante en una sección especial destinada a tal efecto.

El primer componente causal del efecto rentista se estudió justamente en estos países ya mencionados. En este sentido, se argumenta que estos gobiernos utilizarían los ingresos petroleros para aliviar presiones sociales que de otra forma conducirían a mayores demandas de sus sociedades, legítimas, para tener rendición de cuentas sobre los impuestos. Este efecto del impuesto, es debido a que el alto ingreso petrolero normalmente no deduce en estos países tributos, o bien son bajos o inexistentes y, por lo tanto, sus pueblos probablemente no solicitan estas rendiciones de cuentas al gobierno. Esta forma de pensar se relaciona y compara con la evolución de instituciones democráticas de comienzos de la modernidad, como Inglaterra y Francia, cuyos pueblos fueron muy sensibles al aumento de los impuestos, aunque este argumento no parece tener tanto asidero en los países petroleros.

Un segundo componente está relacionado con el denominado efecto gasto, dado que los ingresos petroleros podrían conducir a un mayor consumismo, subsidios o aumentar la influencia de sus elites de poder, lo cual también produce presiones para restar puntos a la democratización de los países, como se ha reportado en Arabia Saudita y Libia, en tanto que también se sabe que el boom petrolero de los años setenta en México ayudó a afianzar y, tal vez, a prolongar el gobierno de un solo partido, lo cual en regímenes autoritarios es una regla general (Ibid, p. 333).

El tercer componente es el llamado efecto de formación de grupos, que como su nombre lo indica, es el uso de los ingresos petroleros para impedir la formación de grupos sociales independientes que reclamen derechos políticos o humanos. Nuevamente, se recuerda que en la modernidad de Inglaterra y Francia, la formación de una burguesía independiente fue un factor determinante en la construcción de sus respectivas democracias. Igualmente, se habla de que estos grupos constituyen hoy en día una formación de capital social, institución cívica que se apoya en la familia y bajo tutela del Estado, pero que tiende a promover la democracia. Por el contrario, el estudio de los casos de países como Argelia, Libia, Túnez e Irán, todos ricos petroleros, han bloqueado la formación de grupos sociales independientes, coartando una necesaria precondición para la democracia, como ha quedado demostrado en sus insurgencias de comienzos del 2011.

En conclusión, impuestos, consumo, y formación de grupos, constituyeron para este autor un efecto rentista significativo. En su conjunto, implican que las políticas fiscales de los estados tienen influencia en el tipo de régimen presente, gobiernos con altos ingresos petroleros son más proclives a ser autoritarios y gobiernos que se financian con sus impuestos son más proclives a ser democráticos. Igualmente, altas tasas de impuesto a las personas o empresas se encuentran fuertemente asociadas con gobiernos democráticos, aunque también puede suceder lo contrario, cuando estos gobiernos democráticos están menos dispuestos a utilizar estos impuestos, dada su impopularidad (Ibid. p. 349).

El efecto represión

Los estudios efectuados en estos países también sugieren que la riqueza petrolera y el autoritarismo se encuentran asociados con el fenómeno de la represión. Esto es porque estos gobiernos tienen la posibilidad de aumentar sus gastos en seguridad interna del Estado, comprar armamento, con el fin de bloquear las aspiraciones democráticas de sus poblaciones. Tal fue el caso de Irán en los años previos a 1979, en donde el gasto militar fue tan alto que creó la figura denominada "Estado rentista absolutista", situación que también sucedió en la república del Congo con el boom petrolero de los años noventa, armando a un ejército y creando una fuerza especial presidencial para mantener el orden.

En efecto, habría dos razones para explicar el uso de los ingresos petroleros en aumentar la capacidad miliar de los Estados. Una, es el propio interés en armarse para contrarrestar

121

presiones populares, lo cual un gobierno autoritario está dispuesto a hacerlo, y dos, que estos ingresos pueden causar disputas étnicas, conflictos religiosos o de minorías, ante los cuales el gobierno tendría como responder. Por esta razón, se ha establecido en algunos estudios que "la riqueza en recursos naturales tiende a hacer más probable las guerras civiles" (Ibid, p. 336).

El estudio del efecto represión se centró en dos variables, la fracción del gasto militar con respecto al PIB (estudiando 101 Estados entre 1985-1995) y el número de efectivos militares en relación a la fuerza de trabajo total, incluyendo a fuerzas paramilitares. Los resultados obtenidos muestran una correlación positiva y significativa entre las exportaciones de crudo y el gasto militar, como era lógico de suponer, aunque las exportaciones de minerales tienen correlación negativa. Por esta razón, pareciera que la riqueza petrolera podría estar más relacionada con altos niveles del gasto militar, lo cual, a su vez, tiende a interferir con la democracia, pero no hay evidencias de similar comportamiento para la riqueza mineral. ¿Por qué estos países invierten tanto en lo militar? El análisis de este aspecto, sugiere que las tensiones causadas por conflictos raciales, nacionales o divisiones lingüísticas, no explican este por qué de gastos tan altos en represión (Ibid p. 350).

El efecto modernidad

La teoría de la modernidad en lo relativo a la producción petrolera, sostiene que la democracia es una resultante de una serie de cambios sociales, políticos, económicos y culturales, principalmente, dentro de los cuales cobran relevancia para el análisis de esta sección, la especialización profesional, el grado de urbanización y los altos niveles de educación, que son los que en definitiva influirán en el desarrollo, aunque entre estos

122

factores no se incluye la riqueza de sus recursos en sí. Aquí surge la tesis de que no parece haber relación entre democracia y desarrollo con la riqueza de recursos naturales y, de ser así, países como Kuwait y Libia no parecerían ser modelos de democracia.

Estudios al respecto señalan que habría dos tipos de cambio social que tendrían impacto directo en la probable situación de que un estado sea democrático: elevados niveles de educación -gente más preparada y mejor equipada para organizar y comunicarse-, y elevada especialización ocupacional –que vuelca la fuerza de trabajo en el sector secundario y luego en el terciario de la economía-. Estos cambios llevarían a tener una fuerza laboral autónoma, acostumbrada a pensar por ellos mismos y con especialidades técnicas y culturales que mejoran su poder de negociación con las elites. En otras palabras, como expresa Ross, "if resource-led growth does not lead to higher education levels and greater occupational specialization, it should also fail to bring about democracy"-si el crecimiento de los recursos no conduce a altos niveles de educación y a una mayor especialización ocupacional, también fallará en crear democracia- (p. 336-7). Mayores detalles sobre la modernidad se verán en un Capítulo siguiente, destinado exclusivamente a este tema.

El examen de esta variable consideraba factores como los niveles de especialización ocupacional, educación, servicios de salud, participación de los medios –teléfonos, radios, diarios y otros relacionados- y urbanización. De éstos, especialización ocupacional y educación se consideran claves para el crecimiento económico y la democracia, aunque también Ross ubica en este nivel a la salud. Todas las variables relacionadas con la especialización ocupacional fueron altamente significativas y positivamente asociadas con democracia, como lo asume la teoría de la modernidad. La relación de esta variable con recursos petroleros y minerales fue débil. Igualmente, educación, esperanza de vida, urbanización y televisión no fueron significativas, aunque la variable teléfonos fue altamente significativa, pero negativamente correlacionada con democracia.

Esto significaría que, aunque la modernidad se mantiene esencialmente válida como tal, la especialización ocupacional sería el único mecanismo de acción tras ésta. Además, en los países ricos en recursos, tanto la modernidad como el efecto gasto, ocurren simultáneamente, lo cual significa que desafortunadamente pocos serán los que trabajen en los sectores de la industria y de los servicios, pero que, gracias a los altos ingresos de los gobiernos, se pueden generosamente subsidiar para el resto de la población su educación, salud y otros servicios. El costo de una carencia de modernidad conduce a dos amenazas a la democracia debido a la falta de especialización profesional que comporta y a la acción del gobierno que utiliza sus poderes fiscales para reprimir a los disidentes (Ibid. p. 356).

Por estas razones, a diferencia del efecto rentista y del de represión, la modernidad no actúa a través de la acción directa del Estado, se le considera en este aspecto como un mecanismo social, no político. Los efectos rentista, de represión y de modernidad son complementarios. El efecto renta se centra en el uso que hace el Estado de medidas fiscales para mantener una desmovilización política; el de represión acentúa el uso de la fuerza por parte del gobierno para mantener a su población desmovilizada; y el de modernidad, mira hacia las fuerzas sociales que pueden mantener desmovilizado al ciudadano.

En términos generales, se puede decir que el petróleo obstruye la construcción democrática de un país, especialmente en estados pobres, aunque los ingresos por exportación sean pequeños. Estos efectos no sólo se producen en los países de Medio Oriente, sino que también se han evidenciado en países como Indonesia, Malasia, México y Nigeria y probablemente también ocurren en otros continentes no evaluados. Los minerales no petroleros también obstruyen la democracia, lo cual extiende su influencia hacia otros ámbitos geográficos, incluyendo a América, lo cual explicaría lo elusivo que ha sido el establecimiento de la democracia en países como Angola, Chile, República del Congo, Cambodia, Venezuela y Perú.

En este sentido, los estudios reseñados restauran dos teorías que habían sido desestimadas en los años setenta y ochenta y que ahora regresan a partir de los noventa como buenas formas explicativas de estos efectos. Estas son la modernidad y el estado rentista, en especial en su relación con el establecimiento de la democracia. Como es posible de observar, muchos de estos efectos afectan a países en vías de desarrollo que tienen ingentes cantidades de recursos minerales y petroleros.

Como una conclusión final de su estudio Ross sugiere que, luego de analizar estos efectos, habría «a third component to "resource curse": authoritarian rule», - "un tercer componente a la "la maldición del recurso": un gobierno autoritario"-. Los tres efectos actuarían a través de sectores poderosos, en forma perversa creando lo que denomina la "trampa de los recursos", y esto es debido a que los gobiernos autoritarios están poco dispuestos a resolver los conflictos domésticos y más cercanos a padecer una guerra civil, "slow growth may make domestic unrest tougher to resolve; civil wars, in turn, wreak economic havoc" –"Un crecimiento lento puede hacer difícil de resolver problemas domésticos; una guerra civil, en cambio, haría estragos en la economía"- (p. 357). Países como Malasia, Chile y Botswana lo han hecho bien a pesar de su riqueza mineral, pero para otros esto ha sido un tormento.

La enfermedad holandesa o mal holandés

Este efecto tuvo su origen a comienzos de la década de los setenta del siglo XX pasado, en Holanda, cuando el país descubrió repentinamente grandes yacimientos de gas natural, lo cual incrementó intensamente el valor de sus exportaciones de dicho producto, con la consecuente entrada cuantiosa de divisas al país. Esta situación condujo a que su moneda, el florín holandés, se apreciara y puso en peligro la competitividad externa del resto de sus productos no gasíferos, y de sus bienes y servicios de exportación, con lo cual disminuyó la actividad productiva no gasífera y el empleo que se ofrecía.

En otras palabras, ocurrió que aparece un recurso natural abundante que se destina a exportación, lo cual provoca un flujo monetario intenso de divisas que entran al país, por lo que ésta se aprecia -o revalúa- el tipo de cambio, motivo por el cual de ahí en adelante resultará más barato para el país importar productos, necesarios o no, que producirlos, con lo cual las consecuencias se reflejan en una baja en su sector productivo, al cual le será cada vez más difícil exportar, perdiendo competitividad, así se amenaza con asfixiar al resto de la economía. Finalmente, esto llevará, en el tiempo, a una paulatina disminución de esos recursos naturales exportables y/o a una caída de su precio en el mercado internacional. En este punto, cesa de entrar el flujo de divisas y el país se encuentra sin una infraestructura industrial sólida y diversificada para salir de este atolladero. Conclusión, este efecto se produce con el aumento drástico de ingresos por exportaciones de un recurso o de un sector, o bien por el aumento del precio internacional de un producto de exportación y/o cualquier entrada de divisas súbitas;

esto genera beneficios a corto plazo y fuerte riesgo de depresión en el mediano y largo plazo.

De acuerdo con la opinión de Sachs y Warner (1997, p. 5), estas grandes existencias de recurso naturales, afectan la distribución del empleo y el comercio, especialmente en el largo plazo, y poniendo de ejemplo un caso en el cual hay dos sectores, agricultura e industria, señalan que por ser la industria un sector en el que la experticia del trabajador se adquiere fuera de la empresa, la rata de acumulación de capital humano en la economía es proporcional al total de la producción sectorial y no al de la producción de una empresa en particular, por lo que entonces el retorno social al empleo industrial excederá el retorno privado, concluyendo que cualquier fuerza que empuje a la economía hacia afuera de la industria y de la agricultura, disminuirá su rata de crecimiento porque se reduce el crecimiento inducido por la experticia en la industria. En el caso de la agricultura se produce el efecto adverso, porque este sector absorbe directamente el empleo que no va a la industria, aunque esto afectaría más a la industria petrolera que utiliza poca mano de obra y no afecta tanto al sector industrial tradicional. Este autor es preciso al decir que cuando hay abundancia de recursos, el comercio se concentra en estos productos y no en el sector industrial tradicional, al igual que los factores de capital y mano de obra son empujados hacia sectores de bienes no comerciales, y como corolario, explican que cuando una economía experimenta un boom de recursos –bien sea para mejorar los términos intercambio o por el descubrimiento de un recurso-, el sector industrial tradicional tiende a colapsar –a la desindustrialización, siendo esta la enfermedad-, y el sector de bienes no comerciales tiende a expandirse.

Un problema similar a este surgió luego del de Holanda, en Inglaterra, con el descubrimiento de los

127

yacimientos de petróleo en el Mar del Norte, aunque los casos más claros de este mal se dan en países petroleros como México o Venezuela con el aumento de los precios del petróleo que han provocado intensas entradas de divisas, lo que ha producido las consecuencias ya señaladas, amenazando con asfixiar al resto de sus economías. En Venezuela el 94% de las exportaciones derivan del petróleo (en 2009) –cuando era un 68% al llegar a 1998-. También se pueden señalar el caso de Chile con el aumento del precio de su recurso cobre y el consiguiente aumento de sus exportaciones, o en el caso que podría tener el impacto de las fuertes inversiones de China en América Latina, el caso de las ayudas al desarrollo, las entradas súbitas de capital a corto plazo –también conocidas como capitales golondrinas o hot money-, y las remesas de divisas que envían los emigrantes a sus pueblos o países de origen que tienden apreciar la moneda local.

Sin embargo, durante los años noventa Holanda reaccionó y controló su situación, ya en esta época el paro aumentaba un 2,5% anual. El nuevo gobierno se comprometió a curar al país del mal, para lo cual redujo el déficit presupuestario –recortando subvenciones, congelando salarios de funcionarios y frenando el gasto público-, devaluó su moneda y prestó mayor atención a las inversiones para restablecer su competitividad, se dio prioridad a la creación de empleo en vez de aumento de salarios, en conjunto con empresarios, patrones y sindicatos.

Con la bonanza petrolera de los años setenta, muchos países petroleros no pudieron evitar este efecto, entre ellos Argelia, Irán, Nigeria, Venezuela y en cierta media Indonesia y Noruega. Pero este último país aplicó una política macroeconómica de un ajuste estructural y coordinó su desarrollo sustentable con otras actividades productivas y así evitó el peligro, en lo cual fue importante el ser una democracia consolidada, con instituciones sólida y transparente, y agentes políticos y sociales responsables y capaces. Esto se logró en cuatro años de siembra, durante los cuales se formó un fondo petrolero estatal de ahorro e inversión que superaba los USD 388 millardos, en 2007 (Grisanti, 2006-7, p. 3).

En el caso de España la cura a este mal que la afectó entre 1988 y 1992, se hizo con 4 devaluaciones del tipo de cambio -dos en 1992, una en 1993 y la última en 1995-, control del gasto público, tres recortes presupuestarios -1999, 2003 y 2007-, equilibrio externo, reducción de la deuda pública y bajos tipos de interés, con lo cual se produjo un alto crecimiento económico durante el periodo1995-2007, desde 1996 se desregularon y privatizaron algunos sectores protegidos, lo que ha permitido a los contribuyentes quedarse con un mayor porcentaje de renta disponible e incentivaron a trabajar y producir más. (Grisanti, 2006-7).

El efecto Venezuela

Este efecto se debe a las observaciones hechas por el experto petrolero Juan Pablo Pérez Alfonso (1903-1979), quien en su texto *Pentágono petrolero*, esquema de la política de los países exportadores de crudo, precisó que este recurso había sido concebido para que el ingreso fiscal petrolero se dirigiera a la formación de capital sin "intoxicar" a la economía, porque el país no tenía capacidad para asimilar mayores ingresos petroleros sin provocar una "intoxicación económica", y para que el sector no petrolero creciera más rápidamente y redujera su dependencia. En su obra *Petróleo y dependencia* (1967) ya esgrime su tesis de "los límites del crecimiento económico", basado en la ley económica de los rendimientos decrecientes y en la economía de los recursos naturales y su influencia en el desarrollo, expresando que existe una capacidad fija para emplear útilmente nuevos capitales, que al superarla sobrepasando estos límites, las economías mono productoras de recursos naturales pueden caer en la tentación de dilapidar el gasto fiscal en la creencia de que el desarrollo se logra inyectando recursos financieros mayores a la capacidad de absorción de la economía, lo cual a la larga terminaría menoscabando a la economía no-rentista. A raíz de la bonanza de divisas que tuvo Venezuela en los años setenta, el país cayó en esta trampa, a pesar de que alertó sobre ello, y se produce su constatación de que no siempre hay una relación directa entre crecimiento del ingreso fiscal petrolero y el del resto de la economía venezolana, incluso constató que cuando bajaban los ingresos del crudo, la economía crecía más, particularmente la no petrolera, este es el momento en que proclama su edicto del "efecto Venezuela" –análogo al mal holandés- (Griasanti, 2005).

Para Pérez Alfonso, el petróleo era un recurso no renovable y un bien de capital que sólo debía gastarse en la formación de otros bienes de capital para la producción y no alimentar el gasto fiscal corriente, el cual debía financiarse con los impuestos. Su advertencia sobre el efecto Venezuela iba en el sentido de cortar la dependencia de la economía del petróleo, de disminuir la actividad económica en manos del Estado, de enfrentar la creciente desigualdad en la distribución de la renta, el abandono de la agricultura y el aumento de las importaciones y evitar este "efecto distorsionador", que Úslar Pietri denominó *El festín de Baltasar,* tomado de la Biblia, como también *El Minotauro,* tomado de la mitología griega.

El tema lo retoma Elsa Cardozo (2006) al hablar del "nuevo efecto Venezuela", sobre la base de un artículo de Thomas L. Friedman, en relación al efecto del petróleo en la política externa del país, quien analiza los casos de Nigeria, Sudán, Irán, Rusia y Venezuela, en función de las políticas externas de los petroestados –o petropolíticas-, que tienden por acción u omisión, a erosionar el régimen de libertades, basados en sus abundantes recursos, "con débiles o nulos mecanismos de contrapeso y de representación ante los entes para rendir cuentas", con lo cual se obtiene una centralización del poder o una personalización del mismo, al tiempo que aumentan las relaciones clientelares, las aprobaciones parlamentarias para frenar organizaciones independientes, limitando la formación ciudadana, como ya se ha visto en este ensayo al revisar los efectos señalados por Ross.

En el mudo actual con fuerte demanda de petróleo se desarrolla una petro política externa que en el caso venezolano extiende hacia fuera "los más grandes males domésticos, utiliza recursos en abundancia para ganar influencia y control en circunstancias de gran fragilidad de la vida ida institucional internacional" (Ibid.), lo cual no persigue sino esconder irregularidades de su situación interna.

El efecto voracidad
Este efecto deriva de las observaciones prácticas que incorpora la acción rentista, las cuales se caracterizan por la voracidad y el autoritarismo con las que se manejan las decisiones en el campo petrolero, emergiendo el efecto voracidad –rent seeking-, que de acuerdo con Luis J. González Oquendo (2010, p. 24) consiste en la desesperada búsqueda y apropiación abusiva de parte importante de los excedentes generados por las exportaciones de petróleo, como lo reseñan Jürgen Schuldt y Alberto Acosta (2004: 79-80). La idea de este efecto pareciera estar relacionado con la búsqueda ávida de esas rentas. Esta tesis fue desarrollada por Gordon Tullock (2003, p. 5) y se utiliza en economía para da cuenta de las acciones que pretenden obtener privilegios especiales del gobierno. En caso que la captación de la renta está en manos del Estado, los actores actuarían vorazmente para acceder a la mayor cantidad de renta posible a través del gasto

público. Esta teoría fue especialmente desarrollada para el estudio de los monopolios y el comercio internacional. Roberto Briceño León (1990), señaló en su estudio sobre los efectos perversos del petróleo, cómo la renta petrolera se distribuye a través de redes especiales y afecta la vida de un pueblo no petrolero, aspecto que denominó "cultura del petróleo" y en la cual observó una "actitud competitiva por la renta", clave cultural de funcionamiento de las sociedades exportadoras de petróleo, concepto similar al expuesto por Douglas Yates (1966) que denomina "mentalidad rentista".

Aunque constantemente se relacionan el efecto voracidad con el de la búsqueda de renta, no se señalan indicadores que permitan captar ambos conceptos y sus diferencias. Briceño-León, señala la existencia de la actitud sin ningún correlato empírico que permita validar la afirmación. La experiencia documentada reciente en Italia, México y en Venezuela, dan cuenta de la relación renta petrolera y mafia, como ha sido irrupción de ésta última en Gela –Italia-, en torno a las nuevas estructuras de refinería instalada allí y en la estatal mexicana PEMEX, en donde en ambos casos han aparecido signos de extorsión, negocios con el sector público y en donde se constata una complicidad cultural con el mismo pueblo, denunciado por el diputado italiano Rosario Crocetta, o como en el caso de Venezuela en donde el Partido Comunista, que forma parte del gobierno, ha denunciado sutilmente que "ha surgido una nueva burguesía parasitaria que se aprovecha del Estado rentista a través de la corrupción administrativa" (Deutsche Welle, 2011 y Urgelles, 2011, p. 4-10).

La denominada enfermedad venezolana

Esta formulación fue efectuada por Enzo Del Búfalo (2000) en ocasión de comentar un artículo de un colega suyo que hablaba sobre el desenvolvimiento de la economía venezolana y la crisis cambiara en el país durante el siglo XX, ante el cual este autor expresa sus opiniones que finalmente las expone como las "carencias [que] son la verdadera enfermedad venezolana" (p. 149). En forma sucinta estas carencias constituyen la base y contenido de su enunciado.

En primer término, en forma general, expresa que dentro del concierto continental existe consenso en afirmar que "Venezuela y Ecuador son los únicos países de América Latina en los cuales la clase política hace gala de total analfabetismo económico" (p. 145), por lo cual muchos de sus males, que él experimentó en su propia actividad política en el gobierno, deben buscarse considerando ese argumento, y esa sería la razón por la cual, añade, "éste es un país que todavía venera la improvisación y la incompetencia como si fueran excelsas virtudes" (Ibid.).

En este sentido, expone su propia visión crítica del desarrollo del país: "La historia económica de Venezuela en el siglo veinte se puede dividir en dos períodos: el primero cuando la renta petrolera lo cubría todo, incluyendo tanto la ignorancia como la corrupción y por eso vivíamos felices y contentos; y segundo, cuando los rendimientos decrecientes de la renta petrolera para sostener el modelo económico, social y político, obligaron a criminalizar la corrupción, pero dando rienda suelta a la improvisación en materia de política económica..." (p. 146).

Igualmente hay otro grupo de carencias que expone al analizar la situación económica desde los años ochenta, buscando los equilibrios macroeconómicos, intentando reducir la inflación, lo que "ha conducido a una política de control del gasto fiscal que paradójicamente lo único que ha logrado es aumentar la disfuncionalidad de la administración pública" (Ibid.), al igual que en lo referente a los agregados monetarios, que han conducido "a una política monetaria permanentemente restrictiva, mientras la economía permanece estancada" (Ibid.), al igual que al tratar el tema de la demanda de dinero, evidencia la "desconfianza de la gestión pública... [y] la poca o nula propensión a invertir, que desde hace dos décadas caracteriza la economía venezolana y que tiene que ver con el meollo de la crisis actual" (Ibid.).

Al explicar el origen de estos aspectos, señala que "el estancamiento del proceso de sustitución de importaciones a finales de los setenta y el agotamiento del modelo rentista que se expresa en el déficit estructural y los rendimientos decrecientes del gasto público" (Ibid., p. 147), serían los causantes de la reducción de la inversiones, todo lo cual lo lleva a plantear una serie de reformas, entre las cuales destaca la de las instituciones como condición sine qua non debido " a la situación de degradación a la que ha llegado el país... [que no serían suficiente] si no se reforma el modelo rentista petrolero... [dejar al mercado la construcción de un aparato productivo] no sólo es equivocado porque no existe un ejemplo histórico de ello ni existen razones teóricas que lo justifiquen" (Ibid.), profundizando que todos los procesos de industrialización conocidos en la época moderna fueron realizados con la participación activa –intervencionista- del estado, incluyendo el caso histórico inglés –que mediante la deuda pública convertía la renta de la tierra en capital comercial, sin lo cual no habría sido posible la revolución industrial.

En este sentido, "el modelo rentista petrolero impone [una] barrera al crecimiento industrial espontáneo debido a la enfermedad holandesa" (Ibid.), subestimado en 1989, además de indicar que por el tipo de apertura de la economía no petrolera "su desequilibrio estructural entre importaciones y exportaciones, el mercado de divisas generado por ella tiene una demanda de divisas excedente permanente la cual es incrementada por las expectativas devaluacionistas que son alimentadas por esta demanda potencial excedente" (Ibid. p. 18-9). Este enfoque lleva a considerar que el modelo rentista venezolano impide al sector no petrolero a formar divisas per se, siendo en rigor para este sector la relación bolívar/dólar tendiente al infinito, debido a su alta rata de importación y por tanto, más bien se transforma en agente de una fuga de capitales (Silva Michelena, 2006, p. 230).

No obstante, lo anterior, Del Búfalo plantea al país la posibilidad de una "reinserción en la economía mundial... si supiera aprovechar su enfermedad holandesa" con una estrategia de industrialización abierta, potenciando los:

> sectores energéticos en los cuales el interés de los inversionistas extranjeros es permanente y relativamente autónomo de las vicisitudes del país... [se trataría de] usar la renta del sector para una industrialización negociada entre el Estado y el sector privado... El viejo concepto estalinista de empresas estratégicas debe dar paso a la propiedad estatal *dinámica* con la cual el Estado impulse el desarrollo industrial creando industrias en *joint venture* con el sector privado para luego retirarse y desplazarse a otro sector (Ibid., p. 149).

Con esta conclusión Del Búfalo estima que se superaría la dicotomía sector petrolero-no petrolero, entre un Estado productor de divisas y una "economía parasitaria", dependiente de la renta, entre una industria de elevada rentabilidad internacional y "un país marginal" (Ibid.).

Este es el marco en que se presenta su visión de la enfermedad venezolana y su resolución, por esta razón como colofón dirá que "si se lograra curar la enfermedad venezolana, curar la de la holandesa sería cosa de niños". Esta particular reflexión se podría complementar con un más amplia expresada por Ross (1961, p. 328), quien al referirse a estos efectos que denomina "la maldición de los recursos" –resource curse-, expresa sus evidencias de que "la abundancia de recursos per se pueden truncar las perspectivas de desarrollo de un país... tienden a crecer más lentamente que sus contrapartes pobres de recursos... es más probable que sufran de guerras civiles... [y que] la abundancia de recursos petroleros y minerales tiende a hacer estados menos democráticos".

Las principales bonanzas

Se ha denominado bonanza petrolera –auge o boom-, a alzas extraordinarias en el precio el petróleo en los mercados internacionales y que sube el PIB nacional por encima del 5%, debido a múltiples causas –principalmente son interrupciones del abastecimiento por sobreofertas o demandas, accidentes, huelgas, guerras, climas adversos y otras-, y se vienen reconociendo desde los años cincuenta del siglo pasado. Todas estas bonanzas han tenido efectos en Venezuela.

La primera bonanza que se recuerda es la ocurrida en los años 1956-57, en el Medio Oriente. En esta primera crisis petrolera queda claro que la relación petróleo-política es indisoluble y que trae serias consecuencias, especialmente en casos de conflagraciones. El origen de esta situación debe buscarse en la propia base energética de la civilización occidental, como ya se vio en el Capítulo primero, la cual está asentada fundamentalmente en un solo tipo de energía, la del petróleo, de ahí su fortaleza y debilidad.

En el mundo árabe la política del petróleo usada como arma política tiene sus antecedentes desde 1946 cuando la Liga Árabe suspende su producción petrolera como una forma de presión contra los que apoyaban al movimiento sionista y, en

1948, el ejército de Irak interrumpió el envío de crudo a la refinería de Haifa cuando ésta cae en manos de Israel.

Por este camino, en 1953, debido a una conspiración de Estados Unidos y Gran Bretaña, se derroca a Mohamed Mossadegh, primer ministro de Irán, nacionalista irreductible, opuesto a las compañías británicas que explotaban el petróleo y que en 1951 había sido designado en tal cargo por el Sha Mohamed Reza Pahlevi, de Persia. Sin embargo, su legado nacionalista y su lema de "Persia para los persas" -sinónimo del petróleo-, no pudo abolirse.

Sus ideas se esparcieron por toda la región y desde aquel corto período el petróleo árabe de Kuwait, Irak y Arabia Saudita, adquirió gran importancia estratégica. Simón Alberto Consalvi (2000, p. H-3) expresa que este capítulo de la historia de Irán pertenece a la historia mundial del petróleo, como lo fueron también los años 1945-1948 en Venezuela, en donde también se aplicaron políticas nacionalistas y el principio del impuesto del 50-50, que tuvo alcance mundial e influyó en Mossadegh y en todos los gobernantes de los países del Medio Oriente. Esta fue la razón por la cual se afectó el suministro de petróleo entre 1951-54 desde Irán a Israel, calculado en 950 millones de barriles.

Durante este mismo período, en 1952, se produjo la revolución egipcia y la insurgencia de su líder Gamal A. Nasser, quien tomó estas banderas de un nacionalismo antibritánico y antifrancés, aplicó el impuesto del 50-50 ya mencionado y el lema "el petróleo Árabe para los Árabes (en árabe, Naft El-Arab Lil-Arab)". Esto dio inicio al establecimiento de la Liga de Estado Árabes y, en 1953, se crearon lazos de cooperación petrolera entre Irak y Arabia Saudita (Al Sherideidah, 1995, p. 143 y 164).

137

Con estos antecedentes no es difícil imaginar cuando en 1956 al nacionalizar la compañía anglofrancesa del Canal de Suez y sufrir la agresión de estas potencias, más Israel, cerrara dicho canal. Era el invierno europeo de aquellos años 1956-57, y esta medida se sintió fuertemente al producirse una escasez de combustible en Europa, se encareció el crudo, y fue la primera vez en que se probó el petróleo como arma política.

Esta fue la primera crisis que sufrió Europa debido al suministro del petróleo y cuyo efecto se ha calculado en una pérdida de 245 millones de barriles (Horsnell, 2000).

En Venezuela, según Sergio Aranda (1977, p. 103-107), tomando datos del Banco Central de Venezuela, el porcentaje del ingreso petrolero dentro del total de ingresos de la nación que alcanzaba en ese año a un 58,1%, tuvo un crecimiento significativo desde 1945, cuando se triplica su volumen, pero el ingreso aumentó ocho veces, alcanzando por primera vez a 70,7%, debido al alza de su precio.

En forma retrospectiva, la crisis del sistema capitalista de los años treinta que duraría hasta 1937 en los Estados Unidos, golpeó duramente a la economía y a la sociedad venezolana y marcó el fin de la llamada "etapa agraria-exportadora" nacional, e hizo más profunda la dependencia del petróleo. De hecho, en estos años 1930-1935 el valor de su exportación desciende en 18,6% entre 1929-1930, subiendo levemente hacia 1935, las empresas petroleras despiden a 23% de su fuerza laboral y reducen salarios en un 65,2%. Por esta razón, no debe subestimarse el impacto de esta crisis.

Sin embargo, el continuo aumento de la demanda petrolera mundial produjo una recuperación relativamente rápida de la economía, llegando a casi triplicarse en 1944-45, con la consecuente duplicación del gasto fiscal pero que en Venezuela frenó su crecimiento.

El efecto de la II Guerra mundial fue de retardar en Venezuela su crecimiento, así entre 1931 y 1944 la renta sólo se duplicó. Es en este período en el cual el Estado adquiere una importancia muy significativa: no sólo negocia nuevas normas con las empresas petroleras, sino que también asume el rol de distribuidor de esos ingresos con mayor eficiencia que antes (Ibid., p. 116). Esta es, sin dudas, la consolidación del mercado interno venezolano basado en los ingresos de la industria petrolera, aspecto no usual en la teoría económica de los países emergentes.

Durante los años 1945-1957, la producción petrolera se triplica y este efecto hace que Venezuela se coloque a la cabeza del desarrollo en el continente. Debido a la nueva legislación petrolera del gravamen del 50% sobre las utilidades, se inicia la construcción de refinerías y crece la producción e ingresos fiscales. Entre 1945-1951 ésta se duplica, luego permanece estancada entre 1952-1954. Pero, entre 1955-1957 ambas se elevan muy significativamente. La tasa de crecimiento en este período analizado es de 10%. La crisis de Suez de acuerdo con este autor fue "el motor que impulsa a las transnacionales a cambiar las proporciones de los países suministradores de crudo" (Ibid., p. 154), período en el cual se aumenta la producción nacional de 899 millones de barriles anuales a 1.014.424 millones anuales.

A su vez, el gasto público y el ingreso fiscal crecen muy significativamente a tasas del 24,7% y 18%, respectivamente, aunque la formación de capital sólo creció a un 10%, típico del ªefecto de voracidadª que se señala como una "intoxicación" del país, porque con recursos cuantiosos, pero que en una proporción del 50% estos fueron destinados a gastos de seguridad y defensa del régimen dictatorial y a obras públicas. El país además se endeudó al punto de generar una recesión económica en 1960, cuando desde 1957 y hasta 1969 el precio promedio del crudo descendió a 81 centavos de dólar, al bajar de USD\$ 2,57 a USD\$ 1,84 por barril.

Por esta razón, la política petrolera en los inicios de la democracia tuvo como objetivos básicos la defensa del recurso, controlar el volumen, y un mayor dominio nacional en su explotación, lo que en palabras de Pérez Alfonso fue la "carrera perdida del gasto público", porque éste creció sólo al 1% interanual y la formación de capital creció al 4,1% y 2,9% por año, recuperándose la economía (Hernández Grisanti, 1974; Baptista, 2004, p. 43).

Con todo lo dicho sobre la época dictatorial, sectores adeptos al régimen, industriales y agrarios, expresaron que el mismo no resguardó sus intereses como lo merecían, criticando su destino irracional para construir monumentos suntuosos, obras de ornato, edificios públicos, inversión directa del gobierno en desmedro del sector privado y mal manejo financiero, adquiriendo deudas insostenibles y poniendo en dificultades al sistema bancario. Esta opinión dividiría a sus adeptos, siendo un elemento clave en su caída (Aranda, p. 131).

Al Shereidah (p. 194) explica que con estos hechos ocurridos en los años cincuenta Washington eleva su prioridad estratégica al Medio Oriente y en esta región se hace evidente la importancia del petróleo en su geopolítica al constatarse que las reservas mundiales, de acuerdo con cálculos realizados, son finitas, su consumo acelerado, las reservas de Occidente son limitadas, las mayores reservas están en Oriente. La ex-URSS tenía grandes reservas y perspectivas futuras también –que el sistema no las visualizó en su tiempo.

En 1959, Pérez Alfonso viajó a una conferencia petrolera de los países árabes acompañado de sus asesores, episodio clave para la fundación de la OPEP, ocurrida en Bagdad un año después –un 14 de septiembre-. La influencia de la OPEP sólo comenzó a sentirse en los años 1971-1972 cuando llegó a acuerdos con las empresas trasnacionales. La interrupción del abastecimiento de petróleo durante la guerra de los seis días en 1967 –a USD 1,85 por barril-, la disputa por el tránsito del crudo por Siria en 1966-1967 y las pérdidas por la disputa de un oleoducto en Libia en 1970-1971, aparentemente no tuvieron significación en el mercado, a pesar de que se calculó una perdida 120, 65 y 360 millones de barriles, respectivamente, así como tampoco la nacionalización de la industria en Argelia, en 1971, que tuvo una pérdida de 90 millones de barriles (Consalvi, 2000; Chesney, 2006).

Pero, a partir de octubre de 1973, coincidiendo con el embargo petrolero árabe y la guerra del Yom Kippur con Israel, la mano de OPEP se hace sentir –de USD\$ 3,71 por barril, éste sube a 10,53-, con una pérdida de 475 millones de barriles que no entraron al mercado. En Venezuela se produce entre 1974 y 1977 un crecimiento abrupto de los ingresos petroleros, época que se denominó de la "Venezuela saudita", aunque según Baptista (2004, p. 43) se hace patente un franco deterioro del ingreso salarial.

La aparición de la OPEP intervendrá decisivamente fijando los precios del petróleo de los países miembros, como se verá a continuación:

- 1979, cae el Sha de Persia e inicio de la Revolución iraní, los precios crecen significativamente alcanzando a USD\$ 17,69 el barril, lo cual significó una pérdida de 640 millones de barriles.
- 1980, se inicia la guerra entre Irán e Irak –que duraría 8 años-, los precios alcanzan USD\$ 26,44 por barril, con una pérdida de 300 millones de barriles.

- 1981, se alcanzarán los niveles más altos de la historia petrolera hasta entonces, USD$ 32 para el crudo marcador.

- 1980-1981, en Venezuela se alcanza un clímax y desde entonces comienza a menguar el ingreso, el que se tendería a crear una nueva condición de estabilidad económica, casi semejante a la de cualquier país normal no petrolero (Ibid., p. 48).

- 1983, la OPEP fija cuotas de producción a los países miembros, el precio será de USD$ 25,31 y esta cuota que se mantendrá hasta 1998, cuando los precios comienzan a decaer nuevamente, llegando a USD$ 10,57 por barril, debido a que la mayoría de los países no cumplieron fielmente los compromisos de cuotas de producción.

- 1987-2000, la OPEP entra a participar en la gerencia del mercado, estableciendo niveles deseados de precios y ajustando a este las cuotas de producción de acuerdo con la demanda. Esto logra el apoyo de algunos países no-OPEP para evitar la sobreproducción.

- 1990-1991, Irak invade a Kuwait -Guerra del Golfo-, lo que significó la desaparición repentina de cuatro millones barriles diarios del mercado. Ante esta situación, los restantes países sobrepasaron sus cuotas acordadas. El precio alcanza a USD$ 20,33, aunque luego bajará a USD$ 15,92. Posteriormente, la OPEP elevó de nuevo su capacidad de producción.

- A finales de 1997, se produce una fuerte caída en los precios el petróleo debido a que los países emergentes del sudeste asiático entran en crisis financiera, se da un invierno benigno en el hemisferio norte, la participación de Irak en el mercado se incrementa, los países industrializados tenían altos inventarios –cercanos a 94 días-, y se produjo una sobre oferta de la propia OPEP, porque fijó techos de producción superiores a la demanda esperada del mercado, todo lo cual redujo los precios, alcanzando en Venezuela a USD$ 10,63 por barril. La OPEP vuelve a fijar nuevas cuotas.

- 1999. México, Noruega, Rusia, Omán -países no-OPEP-, Arabia Saudita, y Venezuela, (Países OPEP) reducen su producción petrolera y se logra el repunte de los precios.

- 2000. OPEP fija una nueva estrategia. A proposición de Venezuela, decide establecer programas de producción de acuerdo con los valores que alcancen los precios de la cesta OPEP, dentro de una banda que oscilará entre los USD$ 22 y 28 por barril.

- Entre los años 2000 y 2003, los precios fluctuaron realmente entre USD$ 20 y 26 por barril. En Venezuela los precios entre 2001 y 2003 fluctuaron entre USD$ 20,21 -2001- y 25,76, el último año.

- En 2003, se produjeron nuevas interrupciones de la producción debido a la guerra de Irak, las huelgas en Nigeria, el paro petrolero en Venezuela –dejó de producir 2,6 millones de barriles-.

- 2005, debido a los huracanes Katrina y Rita en el golfo de México baja su producción –en 1,5 millones de barriles-, con lo cual el precio promedio del petróleo en el mercado internacional –el WTI, West Texas International-, alcanzó los USD$ 32,61 por barril.

- 2008, debido a los factores señalados para 2005, se inicia un boom general sin precedentes que alcanzó su máximo al llegar a USD$ 146,90 por barril, y en Venezuela estos valores fueron de USD$30 y 80 por barril.

- 2009. La crisis financiera de las hipotecas, hace declinar el precio a una banda de alrededor de USD$ 70 por barril.

- 2010-2012. Los cambios en los países árabes, denominada la "revolución de la primavera" sostuvo los precios, debido a la incorporación del crudo de Irak y a los aumentos de Rusia y Arabia Saudita, que sobrepasa su cuota, pero la crisis financiera en Europa y parte de Asia –ahora crisis de hipotecas en China-, disminuyen su consumo, bajando los precios a alrededor de USD$ 80 por barril, valor crítico para los productores transnacionales que tiene valores altos en exploración, cada vez más profunda y tecnológicamente más difícil –se calcula que de 10 pozos explorados, solo 2 tienen éxito-, lo que coloca su costo promedio en este límite.

- 2012, en Venezuela, el precio del barril llega a USD 103,46. Los economistas Ramón Espinasa y Pedro Palma han informado que cada dólar que desciende el precio del petróleo venezolano representa entre 450 y 500 millones de dólares menos para las cuentas del país, es decir unos 10.000 millones de US$ al año.

- 2015-, aparece en Estados Unidos el petróleo de lutitas que hace bajar el precio mundial a 49,06 y menos USD.

Finalmente, y a modo de conclusión de esta sección introductoria de la renta, y retomando algunos de los conceptos planteados antes, relevantes para este tema, se podría decir que el tiempo de duración del petróleo, aunque se perciba el cenit del mismo, es todavía materia de estudio. Es un recurso renovable que se debe cuidar. En cuanto a la OPEP, es este un cartel que sigue siendo fuerte en función de las reservas de sus países, aun cuando su influencia haya disminuido desde los años setenta, un aumento de producción fortalecería la capacidad productiva de la misma, sin considerar los precios; los precios del crudo en el futuro optimista no son claros hasta al menos 2025; los factores ambientales tendrán un peso significativo en los proyectos futuros y un impuesto energético encarecería aún más su precio.

Como ha opinado Ibsen Martínez (2001, p. A-4), agudo escritor y comentarista, si se miran bien las cosas, "resplandece la paradoja de que el populismo venezolano no ha hecho otra cosa que hacerle caso a su archi-adversario de medio siglo. La verdad verdadera es que, a despecho del mismo Úslar Pietri, *no hemos hecho otra cosa que sembrar el petróleo.* Y basta asomarse a la ventana para ver los desastrosos resultados".

La renta

El punto de partida de este capítulo es un hecho real y concreto -y hasta cierto punto, obvio-, cual es que el trabajo humano es lo fundamental e insustituible para un proceso de producción y desarrollo. Esta simple idea se remonta tiempos pretéritos, como se expresa en la Biblia, "trabajarás con el sudor de tu frente", dejando en claro que el trabajo es la única fuente de apropiación de la naturaleza, o como lo expresara Horacio en la antigüedad latina, "*nihil magno sine labore dedit vita mortalibus*" –nada sin trabajo ha dado la vida a los mortales-. En la época moderna, como se verá en el siguiente Capítulo, John Locke la utilizó para dar fundamento natural a la propiedad privada y al igual que en los mercantilistas, se encuentra el eco de la frase de Williams Petty, "la tierra es la madre y el trabajo es el padre" o como expresa R. Cantillon (1950), "la tierra es la fuente o la materia de donde se extrae la riqueza, y el trabajo del hombre es la forma de producirla" (Del Búfalo, 1997, p. 265).

Es decir, sin trabajo no se produce. Es una actividad consciente dirigida a utilizar los recursos que brinda la naturaleza, que satisface las necesidades humanas, independientemente de las formas sociales en que se manifieste y que da la posibilidad de intercambios para satisfacer las necesidades básicas de la vida.

En la economía política esto ha sido recordado por Adam Smith en la propia introducción de su libro *La riqueza de las naciones* (1776/1974, p. 104), al decir que,

... el trabajo anual de cada nación es el fondo que la surte originalmente de todas las cosas necesarias y útiles para la vida que se consume cada año en ella, y que consisten siempre en el producto inmediato de aquel trabajo o en lo que con aquel producto se adquiere de las otras naciones" –*the annual labour of every nation is the fund which originally supplies it with all the necessaries and conveniences of life which it annually consumes, and which consists always either in the inmediate produce of that labour, or in what is purchased with that produce from other nations-*.

También Carlos Marx opinó sal respecto, cuando en 1868 escribía a su amigo Kugelman, diciendo "hasta un niño sabe que un país que deje de trabajar, no digo durante un año, sino por unas pocas semanas, se moriría" (Pesenti, 1974, p. 52) y, en torno a la renta, explica en El Capital, (tomo III, p. 725) se preocupación por relacionar las formas de renta con el valor y el precio de la producción. Dado que la agricultura se encuentra dentro del dominio de la producción capitalista para obtener ganancia, toda renta –especialmente la absoluta-, es plusvalía, producto de trabajo excedente y la mera propiedad de la tierra no genera renta alguna para el terrateniente, aunque éste puede actuar según las variaciones del mercado para obtener excedentes. V. I. Lenin (1975), por su parte, expresó que, "un estado rentista es un estado parásito, del capitalismo decadente, y esta circunstancia no puede impedir el desarrollo de todas las condiciones socio-políticas de los países involucrados" –*The rentier state is a state of parasitic, decaying captalism, and this circunstance cannot fail to influence all the socio-political conditions of the countries concerned-.*

Max Weber (2003, p. 78), planteaba en relación al capitalismo moderno que éste no versa sobre el origen de las disponibilidades monetarias utilizables, sino sobre el desarrollo del espíritu capitalista basado en la ética del trabajo. Más recientemente, Michael Porter (2000), en su crítica a la cultura campesina, obsesionada por la riqueza y no relacionada con el esfuerzo propio, ahondó estas ideas expresando que la mentalidad rentista es una condición psicológica con profundas consecuencias en la productividad y constituyendo, en palabras de Hazim Beblawi, un verdadero golpe a la ética del trabajo (Yates, 1996, p. 22, ambos citado en González Oquendo, 2010, p. 12).

Pero como explicaba Smith, la estructura social no es sino un fiel reflejo de la distribución del ingreso, aunque todavía no estaba claro la naturaleza de los diferentes tipos de remuneraciones que se pagaban en la sociedad. Muy pronto pudo estipular una distinción clara entre los ingresos que se percibían con cargo a la propiedad: unos por concepto de la propiedad sobre medios de producción, que se traducen en un proceso previo de producción y, otros, para remunerar a la propiedad sobre unos medios de producción no producidos, como son los bosques, las minas o los yacimientos. Los primeros se denominaron beneficios y los segundos, renta de la tierra o simplemente renta. Y así lo expresó en su libro,

> ... tan pronto como la tierra de cualquier país se convierte en propiedad privada, los propietarios, como otros hombres, aspiran cosechar donde ellos nunca sembraron, y exigen una renta incluso para su producto natural" -*as soon as the land of any country has all become private property, the landlords, like other men, love to reap where they never sowed, and*

147

demand a rent even for its natural produce- (Smith, 1775/1974, p. 152).

Este es el origen de la renta, como lo señala también Asdrúbal Baptista (1997 y 2010). Los economistas clásicos siempre pensaron que formulaban leyes con validez eterna y universal, y así escribían, generalizando su discurso, sin reconocer que la historia y las relaciones de la misma producción tienen incumbencia en su devenir, lo que de hecho ha ocurrido, como se verá más adelante. De esta forma, identificaron una unidad trinitaria universal para los pagos: la renta, como la justa retribución al propietario de la tierra, minas o suelos; el salario, como la retribución al trabajo; y la ganancia, que retribuía al capital. En la teoría económica clásica, por tanto, la renta era consideraba un excedente, un sobrante, después de que todos los costos de producción han sido cubiertos y, correspondía su pago al propietario de la tierra en razón del uso de los recursos naturales. En resumen, según la teoría clásica –que es la que procede en esta discusión-, al trabajo lo remunera el salario o sueldo –*wage*-, a la propiedad de los medios de producción no producidos los remunera la renta –*rent*-, y a los que en realidad producen, corresponden los beneficios –*profits*- (Baptista, 2005).

De estas ideas se puede comprender que la renta es una categoría específica de un ingreso, como una remuneración factorial, no es el costo de producción, vale decir, salario del trabajador por su labor ni es interés del capital empleado o beneficio, luego de asumir un riesgo. Para cada una de estas entradas factoriales hay un esfuerzo, pero en la renta, la remuneración es a la propiedad y la recibe un agente social denominado «rentista», -*rentier*-, agente social que puede no participar directamente en la producción, aunque participa del producto. El rentista no agrega valor al producto, razón por la cual se le denomina comúnmente "parásito", porque su ingreso no está relacionado ni depende del proceso productivo, se alimenta de las actividades productivas de otros, con lo cual viola la norma más elemental del ethos cultural liberal. Por lo tanto, el carácter de rentista se adquiere debido a la propiedad – no de la posesión- de un medio de producción.

Como se ha visto, para Smith el hombre ha de vivir de su trabajo. Max Weber al hablar de la expansión del capitalismo moderno, exalta el desarrollo del espíritu capitalista basado en la ética al trabajo y, más recientemente, Michael Porter al criticar la riqueza fácil no basada en el trabajo, ha hablado del surgimiento de la *mentalidad rentista*, factor cultural, que afecta fuertemente a su productividad y que es un golpe a la ética del trabajo (González Oquendo, 2010, p. 12).

De este modo, la reflexión sobre la renta/rentista hace necesario que se tomen en cuenta tanto el carácter o naturaleza de la propiedad -noción clave de la ciencia económica- que se concretiza en instituciones que dan cuenta de los derechos en que se puede aplicar esta exclusión, como son los aspectos políticos que de esto se desprenden. Por esta razón, el ser propietario de un medio de producción no producido, percibe una renta, tema que aparentemente no tiene que ver directamente con procesos económicos sino más bien con procesos esencialmente políticos.

A este respecto, avalan esta tesis dos razones en relación con la propiedad de los recursos: (1) el dominio privado del subsuelo y (2), el dominio público del subsuelo o sistema regalista. El dominio privado es el resultado de las nociones heredadas del derecho romano, en el cual se autoriza a los propietarios de un inmueble para explotar los minerales que se encuentran en el subsuelo, teniendo como única limitación el interés público. La teoría del dominio público, por su parte, señala que los minerales que se encuentran en el subsuelo pertenecen a la Nación o al Estado, haciéndolos así no susceptibles de atribución por particulares. Por estas razones, la renta es uno de los rasgos que identifican el carácter del soberano en la política. Es por ello también que, aunque basado en un hecho económico, la renta y sus implicaciones han sido siempre un hecho claramente afectado por situaciones políticas.

A principios del siglo XX, se utilizaba la expresión Estado rentista para nombrar a aquellos países europeos que extendían préstamos a Gobiernos no europeos (Ross, 2001a, p. 329). El concepto de Estado rentista, en su acepción actual, es un fenómeno propio de los países en desarrollo. Salvo los casos de política española con respecto a minerales desde el siglo XVI, la fiebre del oro en los Estados Unidos y en la Rusia contemporánea, éste ha sido virtualmente desconocido en la historia de Europa o de cualquier otro país rico (Moore, 2003, p 13), aspecto que se ilustrará en el capítulo al tratar la modernidad. Sin embargo, el uso contemporáneo del término relacionado con el petróleo corresponde más bien a la definición postulada por Hossein Mahdavy para dar cuenta de la situación ocurrida en Irán durante el período de la crisis entre los años 1951-1956, verdadera escisión en la historia económica y petrolera del Medio Oriente y mundial, por ser la etapa en la cual las nacionalizaciones radicales transformaron el modelo de explotación petrolera heredado del período colonial en estatismo, lo que luego llevaría a la etapa prerrevolucionaria de Irán en la década de 1970, como ya se vio al revisar las bonanzas petroleras (Ibid., p. 18).

La determinación de si un Estado es o no rentista, está sujeta a dos criterios, uno que parte de la definición de la economía minera, y otro a partir de la definición de su dependencia del mineral. DiJohn (2002, p. 2), partidario del primer criterio, señala a un país como estado rentista o con economía rentista, según la clasificación de economías minerales del Banco Mundial, de Gobind Nankani (Ibid., p. 15), que establece como principio que un estado rentista en la economía mineral es aquel en el cual la producción mineral constituye al menos 10% del Producto Interno Bruto –PIB-, y el 40% de las exportaciones de mercancías. Por el otro criterio Ross (2004b, pp. 3-4), señala que un país con dependencia mineral es aquel cuyas exportaciones minerales constituyen más del 5% del PIB y que cuando este valor superara el 20% del PIB se estaría ante un caso de un país con alta dependencia mineral, en ambos casos debe tener una población mayor de 200.000 habitantes. Quedan excluidos los exportadores de commodities agrícolas, debido a que estas generalmente no producen rentas, ya que en la mayor parte de los casos van directamente a los actores privados y no al Estado, y también porque la labor agrícola es una actividad que emplea una mayor fracción de población por un valor dado de exportaciones (Ross, 2001, pp. 331-332).

La literatura reciente de la economía política señala al respecto que las economías ricas en minerales han de ser consideradas –debido a sus implicaciones rentísticas- una categoría de análisis separada. Aquí, se hace referencia también al sector productor de petróleo. Lynn Karl (2006), señala que el petróleo -como commodity- posee características especiales tales como: (a) tiene un rol único, tanto como herencia natural común de un país, como por ser motor de la industrialización global; (b) ser agotable; (c) volatilidad de sus precios, con ciclos variables; (d) sofisticación en el uso intensivo de capital y tecnología; (e) naturaleza de enclave y, (f), la excepcional generación de beneficios tanto para el Estado, como para los actores privados.

En economía petrolera, la renta también es utilizada como sinónimo de excedente económico petrolero, es decir, como la diferencia entre el precio de una determinada cantidad de petróleo vendida a consumidores en la forma de productos petroleros y el costo normal promedio en el que se incurrió para descubrir, producir, transportar, refinar y mercadear este crudo. Esta definición, oscurece un tanto la distinción entre renta, regalías y beneficios, en una forma como la teoría clásica no lo hizo.

Recientemente se hizo evidente la aparición de nuevas significaciones etimológicas para la categoría de renta, en especial desvinculando el término con respecto a la fuente de su origen. Así, la producción de un recurso no sería necesariamente la única fuente de renta interna y externa, sino que también lo serían aquellos pagos que reciben un Estado debido a los derechos de tránsito, al paso de oleoductos, así como también a pasos a través de canales como ocurre con los de Jordania, Siria, Egipto y otros países.

Igualmente, son también consideradas rentas las remesas de dinero que emigrantes o personas foráneas remiten desde el extranjero a sus países de origen o a un determinado país no de origen -aunque éstas en principio no vayan al Estado, sino a actores privados-. También, se incluye la ayuda extrajera de cualquier origen que fluye a determinados países –por ejemplo a Israel, Jordania, Egipto y otros países-, como un tipo particular de renta económica (Ross, 2001, p. 329), y también lo que sugiere Robert D. Kaplan (1997), al referirse a los famoso tigres o al milagro asiático, verdaderas dictaduras del mercado, que recibieron cuantiosas ayudas monetarias para su despegue económico de parte de organismos multinacionales como el

FMI, Banco Mundial y de potencias occidentales, aportes que ahora se considerarían rentas. Todas estas nuevas denominaciones tendrían en común el haber corrido una suerte semejante a la petrolera, de bonanza, declive y perversión.

En síntesis, según lo visto, el problema en torno a la renta petrolera, tanto en lo económico como en lo político, lleva directamente a reconocer la relación renta-democracia, la cual podría ser discordante en varios sentidos: en su dimensión institucional y burocrática, debido a que el rentismo puede establecer instituciones políticas más bien autoritarias y burocráticas del Estado; también en relación a la distribución del ingreso, que en los Estados rentistas tiende a ser desigual, incidiendo significativamente en otros problemas –como la pobreza, conflictos sociales y políticos-, que se ven alimentados tanto por desigualdades como por discriminación y exclusión; y, finalmente, como lo ha reseñado el caso italiano -y no reportado ampliamente aún en la literatura-, que luego de ser construida una refinería en la isla de en Gela –Italia-, en donde desde los años ochenta parece surgir el fenómeno de la mafia en el negocio petrolero, con sus efectos de extorsión, negocios con el sector público, tráficos, y la complicidad cultural del pueblo, como lo ha denunciado el parlamentario Rosario Crocetta (Deutsche Welle TV, 2010).

La renta petrolera venezolana

El tema de esta sección es la renta del petróleo nacional, vale decir, reconocer esta relación entre el petróleo y la economía en Venezuela, tarea no fácil dado el complicado origen de la renta y la subsecuente estructura económica que se construyó en el país bajo su concepto y que ha generado un pensamiento económico y cultural propio con gran proyección en la sociedad a través del tiempo.

La aceptación e implementación de estos conceptos no ha sido fácil, como lo señala María Sol Pérez Schael (2011), cuando examina e interpreta lo ocurrido con la cuestión petrolera durante las tres primeras décadas del siglo XX en Venezuela: Primero, en lo doctrinario, al exponer que el movimiento independentista americano no fue lo suficientemenmte hábil al transformar la herencia jurídica de la colonia en relación con las minas al sustituir el rey, convirtiendo un derecho de ideas monárquicas en uno de ideario republicano, mostrando de esta forma una tradición de corte neoescolástico, modelo de estructura medieval, que traspasa casi mecánicamente rúbricas como la del príncupe al caudillo o comandante, y que le permiten decir que a éste último, que el "Estado venezolano es rentista desde el mismo momento en que fue republicano" (Ibid., p. 12), con lo cual promueve la idea de que el rentismo no derivaría del petróleo.

Luego, durante el siglo XX, en la época de Gómez, señala esta autora, la política petrolera implementada combinaba "la perversión del poder (eso que se denomina complicidad morganática entre poder público y poder social), la desarticulación de las funciones del Estado y una desidia o mediocridad en el ejercicio de las tareas administrativas" (Ibid., p. 120). Este uso de la renta hizo que probablemente que las ideas de Úslar Pietri se centraran con mayor énfasis en la determinación del origen de la misma, al considerarlo un capital natural que debía reinvertirse, y de lo cual deriva su decir de que "como la sociedad no trabaja y sin embargo consume, actúa ilícitamente y se corrompe" o, bien, si se toman las ideas de Batancourt y Pérez Alfonzo, entre 1936 y 1945, quienes concibe a la renta como un "recurso natural agotable y no renovable", y sobre la cual "nadie tenía un derecho adquirido o legítimo", de lo cual viene aquella referencia al venezolano como "facilista, que vive a costa de la naturaleza", pensamiento que culminará con la nacionalización el petróleo y daría inicio a la rúbrica de "transición hacia la Venezuela petrolera productiva", como lo han expresado Asdrúbal Baptista y Bernardo Mommer (Ibid., pp. 159-160). Por estas razones, estos autores concluyen que era posible entender el negocio petrolero de otra forma, no como renta, sino enfatizando que el verdadera obstáculo para esta cambio se encontraba en la "mentalidad o en otros intereses de nuestros dirigentes" (Ibid., p. 163).

Dada la dificultad de identificar la diferencia entre renta y capital es auqellos años gomecistas, tanto en lo económico como en lo ético, se planteó la estrategia de la delegación, la de las franquicias o conseciones, que eluden estas consideraciones doctrinarias y que fueron utilizadas ampliamente despúes de la crisis de los años treinta en el munco capitalista para aliviar el problema. Aunque siempre se partió expresando que se propugnaba como objetivo que el beneficiario era siempre la Nación, que no se hacía sobre la base de la propiedad de la tierra, sino considerando los objetivos del país y no otros intereses, y que su implementación requería de dos mecanismos importantes: 1) tener una clara estructura, liderazgo e ideología adecuada y, 2) crear una efectiva forma de delegación. En Venezuela no se cumplieron ninguna de estas consideraciones, porque el país poseía vacíos, ambiguedades, imprecisiones jurídicas, arbitrariedad política y no se logró la efectiva delegación propugnada. En definitiva, "las conseciones se convirtieron en actos de corrupción", y terminaron "reproduciendo el concepto de renta en el sentido de ´vivir de rentas´ -sin trabajar- y si ello ocurría con el dinero nacional, inevitablemente sería ilegítimo" (Pérez Schael, p. 170).

En la práctica, los beneficiarios de conseciones que menciona en detalle Pérez Schael pudieron ser familares y amigos de Gómez o terratenientes, "cualquiera en esas circunstancias, tendría que haber sido calificado de corrupto", y estos nombres de fortunas nacionales hoy dispersas en distintos sectores de la vida del país, "revelaría que tuvieron su origen en la conseciones y ´royalties´ petroleras". Nombres que se suman a los que usufructuaron igualmente del poder y beneficios previos durante la Colonia y la Independencia, La corrupción en estos años petroleros iniciales son, a juicio de esta autora, "el efecto natural de un Estado invertebrado, un Estado que no sabe qué es una Nación, y de un liderazgo que al preferir guardar silencio sobre la realidad, impide que se articule institucionalmente la moral pública" (pp. 170-179).

Por otra parte, Héctor Silva Michelena (2006, pp. xxiv-xxv) ha expresado que en una sociedad capitalista y petrolera, denominada de carácter rentista, el Estado es el administrador de los derechios de su propiedad y en esto ejerce dos funciones, por un lado, la cooperación con sus socios de la OPEP para controlar el volúmen de producción y tratar de mantenr altos su precio e ingreso por exportación y, por otro, "la función jurídico-económica nacional de apropiarse de la totalidad o la mayor parte de la renta petrolera internacional", que es en definiva lo que fortalece a un Estado rentista. Según una visión marxista del tema, se explica que en sociedades donde predomina el capital, la renta de la tierra no puede entenderse sin este capital, pero éste tampoco puede entenderse sin la renta de la tierra y, por tanto, en una sociedad en donde no hay capital tampoco hay renta, y como David Ricardo explica que puede haber una renta diferencial, basada en la fertilidad, Marx argumentó que al ser la propiedad privada una expresión por excelencia de la propiedad, le permite al propietario "reclamar lícitamente una porción de esas ganancias diferenciales", que es lo que llegó a constituir la categoría de renta absoluta en

156

Venezuela, renta nacida del derecho jurídico de propiedad, siendo éste "el origen de las regalías de la corona, y del royalty de nuestra legislación fiscal petrolera". En este sentido, Salvador de la Plaza, en 1962, puntualizó que "el royalty es la parte de la riqueza a la cual la nación no ha renunciado, no cedido ni traspasado al ser otorgada la conseción; una parte que, por el hecho de ser extraída y puesta en circulación, deviene capital y no renta", en cambio la renta no se renueva ni amortiza, desde donde viene la importacia del origen del ingreso petrolero (Ibid.).

En definitiva, la categoría de renta de la tierra reseñada por algunos como extraña a la extructura social capitalista, es la razón por la que en su desarrollo se tiende a reducirla a niveles casi insignificantes. En Venezuela, en cambio, debido a la división internacional del trabajo y a las condiciones de atraso del país, en un proceso atípico, dio origen en el siglo XX, a una renta internacional de la tierra de monto creciente en relación con la producción interna y llegó a constituirse en una fuerza motríz fundamental para su desarrollo, hecho por el cual se le denomina capitalismo rentístico. Por esta razón, la renta de la tierra se ve como un ingreso que carece de legitimidad dentro de la ética capitalista. La experiencia vivida muestra una gran desproporción entre "los medios empleados –la renta percibida y gastada- y el desarrollo real dela economía nacional", sentida como un fracaso, que Silva Michelena (pp. 45-47) denomina "espejismo de la renta", una desproporción entre los niveles de consumo y la producción, especialmente en el aspecto cuantitativo, cual era "darle pleno sentido al destino propuesto, y su manifestación más patente es la corrupción, valga decir, la privatización del ingreso que es de propieda común", aunque advierte que es legítimo, arbitrario y unilateral dentro del contexto del sistema capitalista, porque "el proceso de distribución y privatización de la renta hay que ubicarlo dentro del proceso de acumulación originaria del capital... un parámetro sujeto a la decisión política consciente".

En su aspecto cualitativo, se presenta la disyuntiva entre la absorción agotadora y la absorción productiva, en la que media la inversión consuntiva, que al resumirla como capital, determina una productividad muy baja que no alcanza ni siquiera para la reposición del capital que se consume, desgastándose anualmente, por lo que su sostenibilidad sólo depende del flujo permanente de la renta petrolera. Como expresa Silva Michelena (p. 47), "el capitalismo rentístico se presenta como un capitalismo subsidiado y dependiente". La alteración de este circuito es la que provocó la severa crisis de los años ochenta en el país real, la verdadera Venezuela.

No obstante lo escrito, en el sector político siempre se intentó obtener la mayor captación de renta posible aunque obviando su mención, tal vez por temor a exponerse a críticas por ser propietario, monopolio y no participante del proceso productivo, apelando en cambio a los tributos, a ser un activo nacional irrevocable, o patrimonim agotable, lo mismo que ha hecho la OPEP recurriendo a designaciones diversas tales como sobreanía impositiva, valor intrínseco del crudo, valor estratégico, ser patrimonio de la humanidad o control y fijación de precios.

El capitalismo rentístico venezolano

El denominado capitalismo rentístico venezolano está conformado por una estructura económica que descansa "en el aprovechamiento, para los fines del crecimiento económico, de unos excedentes no producidos por la sociedad nacional" (2004, p. 79), el que se sustenta históricamante en una herencia jurídica monárquica que le asigna esta renta al Estado venezolano. De aquí se originó la acumulación de capital orginaria del país, excedentes que curiosamente "no los produjo esa misma acumulación". Esta es una cantidad colosal cuyo ritmo de crecimento anual es del orden de 6,4% y bajo la cual se desarrolló todo un complejo social y cultural que cambiaría la vida del país.

Algunos ejemplos ilustrarán estos hechos. En 1920, el ingreso de esta renta según Baptista (2004, p. 239) alcanzó a USD$ 1,5 millones, lo que hacía que cada venezolano recibiera gratuitamente por primera vez, en promedio, unos USD$ 50 centavos. Comenzaba el ciclo de la renta petrolera.

Entre 1928 y 1978, el país vivió una situación inigualable. La inflación promedio fue de 2,25% anual y la economía creció a una rata de 5,9% al año, el tipo de cambio varió de 5,21 a 4,30 bolívares por dólar hasta 1978, apreciándose, crecimiento cuyo clímax se dio entre 1980 y 1981 y que luego declina. Se sostuvo sobre tres hechos fundamentales: la decisión política de destinar los ingresos de la exportación del crudo a la inversión productiva; dejar la moneda nacional, el bolívar, sobrevalorado, facilitando importaciones baratas para la construcción del país; y la estrechez del mercado y su bajo crecimiento para absorver la producción nacional. Incluso Jorge Giordani (2007, p. 25), Ministro y apoyo fundamental de la economía bolivariana, alude a estas fechas al señalar que "Venezuela paso primero por uno años dorados desde 1943 a 1958", con abundancia de recursos monetarios, aunque con insuficiente absorción de capital y una mala distribución de la misma.

Mas, el clímax de este ciclo, su cenit, se alcanzó entre 1974 y 1981. En 1961, este ingreso per cápita era de USD 378; entre 1974-1980, era de USD 976,6, y en 1981, le correspondía a cada venezolano por esta renta una cantidad de USD 1.244. Esta fue la condición rentista de la economía venezolana.

En efecto, entre 1920 y 1985, esta renta fue de una alta cuantía y le permitió cambiar al país y, en forma precisa, entre estas fechas Venezuela "logró que sus habitantes vieran incrementado su ingreso real en la magnitud astronómica del 3,8% interanual" (Ibid., p. 240), colosal poder de compra, sin que la economía del país hubiera tenido un esfuerzo productivo similar o comparable. Esto es lo que hace que cada venezolano y el país, en general, sea rentista.

A partir de 1974-1981, por consiguiente, concluye el crecimiento de la renta, ahora viene el decrecimiento y comienza el ciclo posrentista de la economía venezolana, sin que el recurso petróleo deje de ser relevante cada día para esta economía.

En este cambio tan importante, el papel central le correspondió al Estado, detentador de la renta, la cual le permitió, en forma por demás eficiente, pagar la pesada carga de una deuda que se arrastraba desde la independencia y luego acometer una infraestructura administrativa, de seguridad y defensa, vial y de comunicaciones, con lo cual se pudo poner fin en definitva al caudillisno tradicional, crear y entrar en una economía de mercado e ingresar a una primaria modernidad. En 1934, con el bolívar sobrevaluado, se adquirieron productos importados, en 1936 se intentaba sembrar el petróleo con inversiones productivas y, en 1945, esto se amplió a la inversión social y a la capitalización del hombre (Espinasa y Mommer, 1987, p. 478).

Los años de 1999 a 2008 han sido denominados la década crítica por Domingo F. Maza Zavala (2009, p. 11), otros la han llamado la década perdida, poniendo énfasis en la crisis estructural que se ha manifestado durante estos años y que se profundizó en este período y a la cual se agregaron dos crisis adicionales, "el empeño ahistórico del presidente Chávez de implantar el llamado socialismo del siglo XXI y la que deriva de la crisis mundial en curso... El que puede denominarse parasitismo petrolero alcanza su nivel más alto y ominioso", y en donde el nivel de vida promedio de la población ha descendido y más aún, la calidad de vida, así como el desempleo y la pobreza, advirtiendo que aún "cabe la duda razonable con respecto a la información pública sobre tales variables".

La transición petrolera bolivariana también ha adoptado criterios semejantes a los enunciados, en los que se siguen las ideas de Baptista, al plantearse la opción de actividad productiva vs renta, como lo ha expresaba Jorge Giordani (2007, p. 17), al decir que la política del gobierno en este sentido seguía dos tesis, la primera como premisa central, basada en las ideas de István Mészaros, teórico marxista que ha buscado una reflexión científica sobre la ideología y el pensamiento crítico, y quien supone la existencia de un crisis estructural al no resolverse cuatro contradicciones: entre capital transnacional y estados nacionales; sobre los límites de la reproducción que culminaría con la destrucción de la base planetaria; la liberación de la mujer, y el desempleo crónico. La salida a ésta encrucijada sería un cambio hacia una sociedad basada en una nueva lógica del trabajo.

La segunda tesis sigue las ideas de Baptista y Mommer en lo relativo al colapso de la estructura capitalista rentística en Venezuela, vale decir que, mientras más rentista sea la política petrólera y mientras mayor el influjo de ésta, mayor terminará por ser la incapacidad de la economía para crecer y desarrollarse de una manera sostenida, como se verá más adelante.

Ahora bien, para mejor entender el carácter y perspectiva del capitalismo rentístico en términos reales y concretos en el país, es conveniente detenerse a revisar algunos de sus efectos significativos que ha ternido en la sociedad venezolana que ayudan a entender mejor su estructura y funcionamiento.

En primer lugar, y como algo muy destacado, debe decirse que el petróleo venezolano ha sido casi exclusivamante un objeto destinado al mercado mundial, así entre 1929 y 1995, el 91% y en 2012 al 95% de los ingresos por exportación proviene del petróleo destinado a ese mercado. Por esta razón, la renta que de este hecho deriva es una renta internacional (Baptista, 2004, p. 17). Debe recordarse, además, que durante las primeras décadas del siglo XX, el país era muy atrasado y rural, con un nivel de vida muy bajo, asotado por bandas armadas dirigidas por caudillos sin orientaciones más que sus intereses privados y que el monto de esa renta cambió está situación, especialmente desde los años treinta y cuarenta, cuando alcanza un valor cuantioso, pero sin contrapartida productiva.

Esto ha conducido a que la sociedad toda considere a estos ingresos como algo suyo, que lo da por descontado, ocasionando todo tipo de desórdenes económicos, sociales y culturales. El propietario de esta renta ha sido desde sus comienzos el Estado. Pero su distribución ha seguido dos caminos: primero, la distribución de ingresos normales del país productivo, muy baja; y luego, la distribución de esta renta internacional petrolera, ingreso que se le remite desde el exterior, cuantioso: He aquí por tanto, ambas rutas, diferentes y reglas disímiles.

En segundo lugar, es preciso aclarar cómo se considera y cuantifica la renta en Venezuela. Como explica Baptista (2011, p. 345), siguiendo a A. Smith, explica que en la introducción de su libro *La riqueza de las naciones* (1776/1974, p. 104), explica que esta riqueza sigue "dos circunstancias diferentes ... la habilidad, destreza y competencia con la cual se ejercita el trabajo" –*the skill, dexterity, and judgement with which ist labour is generally applied*-. En efecto, esta última frase define lo que es la denominada productiviad del trabajo, o simplemete, productividad. Esto no significa otra cosa que una sociedad será más próspera en la medida en que su fuerza de trabajo sea más productiva.

En el caso de la renta del petróleo venezolano, coexiste una doble realidad. Por un lado, se ejerce una actividad productiva inconfundible, que consiste concretamente en la extracción, refinación y otros procesos intermedios incluidos, para procesar este crudo natural que emerge del subsuelo. Este es el esfuerzo productuctivo normal de una actividad minera, que incluye inversión de capital, utilización de fuerza de trabajo, tecnología, gerencia y otros factores similares.

La otra realidad, es la del aprovechamiento económico que se puede hacer, derivado sólo de ejercer la propiedad de este recurso natural. Esta es la renta petrolera que se obtiene de la venta de ese petróleo en el mercado internacional que lo demanda y está dispuesto a pagar un precio y que se remite al Estado venezolano. Por eso en su estudio es necesario distinguir cuando se trata de cada realidad.

En tercer lugar, la distribución de la renta por el Estado, como transferencia a manos privadas, puede ser identificada claramente al reconocerse algunos de los mecanismos que reseña Baptista (2004). El ingreso por renta que percibe el Estado, renta petrolera sin considerar impuestos recaudados ni beneficios sobre el capital luego de la nacionalizaación, durante el lapso 1950-2000, según Baptista (1997b, p. 24) fue "equivalente a 24,9 millardos de jornales" –a Bs. 1.447,1 antiguos por jornal, en promedio, da un monto incontable-, lo cual representa "un 35% del total de los posibles jornales que toda la población económicamente activa pudo haber prestado".

Los montos en diversos sectores que se financiaron con la renta en el período 1950 hasta 1999, fueron someramente los siguientes:

Política social según datos oficiales, se estiman entre 15 y 17% el PIB, en dólares (Tovar, 2012, p. 1-8), cuyos efectos han sido muy significativos en algunos rubros en la vida nacional.

Urbanización tuvo tal influencia en la vida nacional que se puede decir que trasformó al país de ser rural en urbano, permitió el paso pacífico a una urbanización de la sociedad, y, esto a su vez, condujo a nuevos patrones de vida y de pensamiento, entre 1941- 1981, Venezuela llega a un 84% de su población en ciudades de más de 2000 habitantes, el promedio en Latinoamérica era de 72% (Ibid., p. 33); en el crecimiento del PIB por habitante –en dólares de 1980- su tasa de crecimiento entre 1920 y 1980 fue de 433, y 3,8%, respectivamente, en circunstancias de que tanto en los países industrializados como en Latinoamérica estas fueron de 2.6768 y 2,6% y 1.042 y 2,2%, respectivamente (Ibid., p. 34).

Desarrollo, en general, incluye la ampliación del empleo y del gasto público –educación, salud, vivienda y similares- entre 1920 y 1980, de algunos items, comparados con países desarrollados y Latinoamérica:

ITEM	P.desarrollados		Latinoamérica		Venezuela	
	1960	1980	1960	1980	1960	1980
Inversión del PIB 1960-80. %	22		19		33	
Crecimiento salario Real 1960-198°. %	3,1		2,1		3,8	
Tasa de mortalidad antil x mil		28	11	111	64	85
Hab x médico	858	590	2073	1426	1510	930
Gasto en educ. Dólares x hab	108	635	21	28	73	101
Alfabetización.	ND	99	70	82	63	82
Est. Ed. Sup.%	12,1	31	4.1	17	1	21

Fuente. Baptista (2004, pp. 35). ND, no disponible

Productividad, esto es, eficiencia en el uso de los recursos para la producción y servicios, de un trabajador formal,–excluyendo la refinación del petróleo-, fue para Venezuela de 3,8% anual entre 1925 y 1980; de 1,8% entre 1960-1980; de 2,6% entre 1960-1974, y -2,1%, entre 1974-1978; y -1,8% en 1982, en circunstancias que en los países desarrollados fue de 4,4% entre 1960 y 1981, y para latinoamérica 3,0% entre 1960 y 1980. Estos valores bajos se explican por la alta inversión que no compensó un crecimiento equilibrado de los factores de producción. Hubo mayor oferta que demanda de productos (Ibid., p. 38); creció a tasas altas hasta fines de los años cincuenta, siguiendo orientaciones hacia una modernización del Estado. En la dácada del sesenta se encontraba en niveles considerados normales y luego pierde su importancia como instrumento de distribución de la renta (p. 81).

Sobrevaluación de la moneda, al ser la renta un proceso que no precisa de contrapartida productiva, las divisas recibidas por esta concepto al llevarlas al mercado teóricamente no tiene un valor determinado, desde 1934 y hasta comienzos de los años sesenta no hubo problemas para financiar el gasto público, los cuales fueron cambiados a una tasa que para el sector privado significaba mayor poder de compra del que entregaban. Por presiones fiscales se produce la primera devaluación en la historia contemporánea el país al pasar de 3,35 Bs/$ a 4,50 Bs/$, sin crear desequilibrio externo del bolívar, situación que duraría aún otras dos décadas. Esta sobrevaluación facilitó el desarrollo y la modernización pacífica del país (p. 82).

Rebajas impositivas, el Estado prácticamente no necesitaba de impuestos para financiar su gasto normal, situándose en promedio en 10%, situación anormal en todo el mundo su desarrollo (Ibid. p. 83).

Servicios, desde 1936 hasta comienzos de los años setenta crecieron a una velocidad muy alta, de 56% (p. 87); el empleo público y privado directos que ofrece el Estado, era en 1950 de 174.918 trabajadores (con un 43,1% excedentario), en 2002 era de 1.369.190 trabajadores (48% excedentario); en el año 2005 era de 1.625. 701, un 16 % de la pobación ocupada (51% excedentario) y en 2010, era de 2.261.522, un 19% en organismos el Estado (55% excedentario), valor este último similar al promedio histórico, significativa anomalía que muestra el tamaño de lo que debió ser. Es, sin duda, el primer mecanismo de distribución de renta nacional. Lo normal debería ser que este gasto fuera la cuarta parte del ingreso –en Escandinanvia es la tercera parte-, en Venezuela es la mitad del ingreso (Baptista, 2005, p. 104, 2005b; Tejero, 2010, p. 1-8). El sector privado, en cambio, ha reducido su participación en 2010 a un 80,9% de los ocupados.

Vivienda, su valor en dólares de 1997, de los metros cuadrados de construcción que habita una familia ha cambiado durante estos años: en 1950, el metro cuadrado para una familia tenía un valor de 17.606 dólares, el que fue aumentando hasta 1981 hasta alcanzar a 60.652 dólares, para luego retroceder a 31.963 dólares, en 2008, muy similar a la situación de 1968. En cuanto al tamaño, en los años ochenta la vivienda era de 60 m2 y en 2010 ésta llega a 37 m2, y 20 m2 en las clases pobres. Este es un buen indicador del mal vivir que ha alcanzado la población en relación a la calidad de vida, el que con el tiempo se ha venido deteriorando visiblemente (Baptista, 2010, entrevista de Salmerón, p. 1-10).

Becas de estudio, la creación el Programa de Becas Gran Mariscal de Ayacucho permitió la salida de miles de estudiantes a seguir estudios de pre y postgrado en los mejores centros de estudio e investigación tanto del país como del exterior, con becas completas financiadas por el Estado. Creada en 1974 para pomover la formación de recursos humanos, época de tránsito a un país desarrollado, derivada de la renta perolera, y en la cual se diagnodticó carencia de cuadros técnicos y de relevo necesarios para este desarrollo. En los primeros 15 años se otorgaron 42.898 becas, asímismo también se concedieron entre 1977 y 1988, 8.670 créditos educativos. Luego de este año su labor ha decrecido considerablemente. Este programa, más que otros, ayudó a que muchos jóvenes se constituyeran en elites, en el buen sentido de la palabra, que han ayudado a que la sociedad conozca mejor la modernidad que se trataba de impulsar, tema que se verá en el siguiente capítulo (Fundayacucho, 1989).

Uuniversidades públicas, 1958 había en Venezuela tres universidades públicas y dos privadas y en 1998 este número superó los cien institutos de educación superior, con enseñanza gratuita, lo que para el historiador Manuel Caballero (2010, p. 4-99), constituia tal vez la red más grande de América Latina.

Rentismo de los empresarios, "su financiamiento en general provino de la renta misma antes que del esfuerzo productivo stricto sensus", lo cual creo realmente una cultura de negocios o cultura empresarial distinta, entre 1936 y 2001, los gastos del sector privado venezolano "excedieron de manera significativa los recursos obtenidos de la producción nacional", diferencia cubierta por la renta petrolera, "los capitalistas... dejaron de ser tales y, más allá de la forma y apariencia, su conducta verdadera adquirió otros matices asociados con lo que se suele denominar el parasitismo rentista", y estos hechos agregan una nueva dimensión al colapso de la estructura rentista ya que estos hombres de negocio "abandonaron en las décadas pasadas su papel económico" (Baptista, 2004, p. 200).

Valor del combustible y productos energéticos, la gasolina en el país tiene el precio más bajo el mundo. Hasta 1969, su precio cubría los costos de producción, pero luego nunca más lo hizo. En 2010, su precio de venta para 95 octanos, es de 0,097 Bs – dos centavos de dólar-. De retomarse el criterio del costo de producción. El costo anual de este subsidio de la renta a la gasolina, regresivo, lo estima Francisco Monaldi (2012) para ese año entre USD 11.000 y 15.000 anuales, lo cual "supera todo el presupuesto de educación en Venezuela", en realidad es casi el doble, y, tal vez su actualización, podría servir para crear un fondo especial para la educación (Contreras, 2012, p. 16). En el caso del resto productos energéticos el subsidio ha sido del doble del de la gasolina.

PIB por habitante (excluye renta petrolera), entre 1925 y 1980, el PIB creción constantemente a un promedio de 3,8%. Desde 1980 a 2008, éste ha sido de -1,1% (Baptista, 2011, p. 349).

Productividad (manufactura, exluye refinación de petróleo) fue desde 1936 hasta la década del noventa del siglo XX fue creciente, cae entre 2002 y 2003, por los conflictos cívicos, para luego recuperarse.

Educación, especialmente a partir de 1958, con la instauración de la democracia, la educación fue una de las más beneficiadas, sino la mayor. Siguiendo la política denominada del "estado docente", que aboga por la democratización, masificación escolar grtuita, y en la excelencia docente apoyada en la gestión de Estado, actualizada por el Programa político del Pacto de Punto Fijo. En 1999, el gobierno bolivariano nantuvo esta política y se alcanzaron valores muy significativos en relación con los distintos niveles. Del 11, 7% de la población inscrita en el sistema educativo en 1958, se pasa al 37,6% en el año 2011 - porcentaje que por efecto de las misones especiales del gobiero subió durante los años 2004-2005 a 44,6 y 51,5%, respectivamente-. En el sistema universitario sepasa de tener sólo 4 establecimientos docentes en 1958, a más de 50 en 2011; y de 14.474 estudiantes en 1958 a 2.340.207, en 2011. El valor del subsidio a todo el sistema educativo es del oreden de USD\$ 6 mil millones.

Programas sociales (y Misiones). Hasta los años noventa el Estado contaba con más de 240 hospitales y unas 40 mil camas disponibles, sin costo alguno, las que luego en 2011 se estiman en menos de la mitad, debido a despreocupación por parte del gobierno. Sin embargo, el gobierno bolivariano luego de 2003 estableció las misión barrio adentro, destinada a asistir a los pobres cerca de sus hogares y para lo cual contó la asistencia del goberino cubano. Pagada por Venezuela. Ángel García Banchs (2012), recuerda que hasta 2008 este programa recibió la ayuda de 27 mil médicos cubanos cuyo costo ha sido de USD 6.500 millones, con un estimado de USD 200.000 por médico.

De acuerdo con la información que proporciona la empresa Datos para el primer timestre de 2012, más de 8 millones de personas adultas se benefician de algún programa social, equivalente al 44% de la población mayor de 18 años, y más de 3,5 millones reciben sueldos del sector público (19% de la población activa del país), aunque muchas de estas personas perciben beneficios de ambos factores. El informe concluye que con seguridad "se podría decir que al menos la mitad o más de la población adulta del país tiene algún tipo de dependencia directa del régimen" (Torres, 2012, p. 4-5).

Seguridad social. Desde 1944, cuando se crea el Servicio de Seguro Social (SSS), el número de beneficiados con atención gratuita, consulta médica, hospitalización y farmacia a precios solidarios alcanza en 2011 a 2,5 millones de personas, y en ciudadanos con pensiones este número ascendía en el año 2010 a 54.856 beneficiados.

Contrastes. Debido a la opacidad con que el gobierno maneja sus estadísticas, no es posible contrastar estos valores uno por uno, sin embargos algunos se pueden observar de información confiable, aunque no oficial, como es el caso de las publicadas por el estudio de José Curiel (2014), que a continuación se reseñan:

Ingresos anuales promedio ($, dólares)
1958-1998= $ 10.685 millones
1999-2012= $ 99.615 millones
*Diferencia: $ 88.930 millones

• Precio Promedio Barril/Petróleo
1959-1998= $ 13,08
1999-2012= $ 51,80
*Diferencia: $ 38,72

• Deuda total del país
1959-1998= $ 32.809 millones
1999-2012= $ 215.000 millones
*6,5 veces más

• Deuda PDVSA
1959-1998= $ 5.000 millones
1999-2012= $ 78.506 millones
*15,7 veces más

• Homicidios por c/100.000 hab.
1959-1998= 9
1999-2012= 275
*30 veces más

• Hurto y Robo por c/10.000 hab.
1959-1998= 0,72
1999-2012= 186
*258 veces más

• Promedio de Camas hospitalarias por c/10.000 hab.
1959-1998= 25,32
1999-2012= 17,01
*Déficit es de 46.831 camas

• Promedio anual de kg. carne por hab.
1959-1998= 19,52
1999-2012= 14,45
*5 kg. de carne menos al año

• Promedio anual Lts. de leche por hab.
1959-1998= 80,88
1999-2012= 31,79
*49 lts. por hab. menos al año

- **Industrias (Incluye: Manufactura, pequeña, mediana y gran industria)**
  1959-1998= 21.342
  1999-2012= 14.570
  *6.772 industrias menos

- **Comparativa Liquidez Monetaria sobre Reservas Internacionales**
  1999= 0,86 Bs. por cada $ (Ratio)
  2013= 57,80 Bs. por cada $ (Ratio)
  2014= 76,25 Bs. por cada $ (Ratio)
  *El Precio del $ en el mercado se genera a través de esta relación. El Riesgo país también influye en dicho cálculo.

- **Autopistas construidas en Venezuela (Km. totales)**
  1959-1998= 2.059 km
  1999-2012= 402 km

- **Aeropuertos construidos (nuevos)**
  1959-1998= 63
  1999-2012= 0

- **Sistema Eléctrico Nacional**
  - Km de red construidos 765kv
  1959-1998= 2.083
  1999-2012= 153
  - **Km de red construidos 400kv**
  1959-1998= 2.949
  1999-2012= 657

Población en hogares/estrato
- **Año1997**

Casa   urbanización: 10%
Apartamento: 37%
Bloque: 30%
Casa/Barrio: 23%

- **Año2007**

  Casa   urbanización: 10%
  apartamento: 20%
  Bloque: 18%
  Casa/Barrio: 52%

  Familias viviendo en casas de barrio ascendió de 23% a 52% en 10 años.

El colapso del rentismo

La pregunta que debería tratarse de responderse luego de la situación de crisis planteada en 1983, es: ¿qué paso con el crecimiento y desarrollo del país, que se detuvo repentinamente y se ha deteriorado desde los años ochenta? Hay que destacar que es este un hecho sin precedentes en el mundo y que, por tanto, gran parte de su explicación residiría en las peculiares caraterísticas que posee la renta.

La renta petrolera, entre otras características, otorga gran autonomía y libertad de acción al Estado, desde donde deben provenir su causa. El Estado rentista, antes y después de la crisis -por ser el propietario de unos medios de producción que remunera el mercado mundial-, alcanzó un alto precio, el cual luce inviable en el tiempo. Por esta razón, es dable asumir que a esta situación van asociados otros factores de carácter no económicos, como por ejemplo los culturales o humanos, la sociedad civil, las condiciones históricas, los agentes políticos, la historia social y otros similares no bien estudiados; factores internacionales y la globalización, que afectan al sistema económico produciendo asimetrías y estructuras no sistémicas; y la continuidad de flujos provenientes desde el exterior, todos los cuales pueden afectar la relación origen-destino de la renta. Se puede decir que, si es capital, se debe invertir –como expresaba Úslar Pietri-, si es consumo, crea perversión –como señalaba

Betancourt-, y si se cierran pozos en producción, no es ni uno ni lo otro -como exponía Pérez Alfonzo-. Aún así, su efecto es creciente en el tiempo, es cuantitativamente muy significativa y la propia naturaleza del petróleo signaría su destino.

La tesis explicativa de Miguel Ángel Santos (2003), expresa que Venezuela durante los años 1950-1978 fue el país con mayor crecimiento y menor inflación de América Latina. Esta fue la época dorada del país. Durante estos treinta años el PIB bruto fue de 6.5% anual y la inflación en promedio fue de 2,87% anual, muy por debajo de la de Estados Unidos que era 3,4%, principal socio comercial del pais, siguiendo un modelo económico relativamente sencillo. En estos años el país mantuvo un gasto público creciente pero con presupuestos balanceados, equilibrados, tasas de interés bajas pero positivas en términos reales y un régimen de tipo de cambio sobrevaluado pero fijo. El modelo de sustitución de importaciones vigente en ese período – con altos aranceles para limitar las importaciones y promover el crecimiento de la industria nacional-, en medio de un ambiente macroeconómico estable con amplia democracia, produjo ese significativo resultado. Pero, a mediados de los años setenta este modelo dio señales de agotamiento. El mercado nacional era muy pequeño y relativamente cerrado al comercio internacional, que no permitía alcanzar una producción a escala, que aunque hacía de todo, era poco competitivo, porque originó una estructura industrial monopólica que no pudo transformarse.

Este autor señala que "los errores de diagnóstico de la mayoría de los gobiernos de turno y las bonanzas petroleras han demorado hasta hoy la aplicación de políticas orientadas a promover el desarrollo de una sólida economía no petrolera". El agotamiento de este modelo basado en la sustitución de importaciones tuvo serias consecuencias: aumento de la inflación, especialmente desde 1973, aumento de los precios petroleros, incremento del gasto público, especialmente en 1981 y 1982, cuando este alcanzó sobre el 29% del PIB, pero sin crecimiento económico, lo que provocó la fuga de capitales más grande de su historia. La devaluación que siguió en febrero de 1983 corrigió en parte la sobrevaluación y frenó las salida de capitales, "la mayoría de los elementos presentes en esta secuencia, inaugurada entre 1978-1983, ha marcado la historia económica venezolana desde entonces" (Ibid.). Entre 1981 y 2011, con muy altos precios petroleros, el PIB por habitante sólo creció 4,9%.

En 2007 (p. 1-10), Santos señala que para entender mejor este fenómeno hay que dividir el proceso bolivariano en dos visiones, "la práctica y la romántica". Durante los primeros 8 años el gobierno "optó por ser práctico, en detrimento de la retórica revolucionaria", pero a partir de de 2007, luego de su triunfo electoral, parece haberse alieado por la romántica, profundizando las estatizaciones, restringiendo las divisas a precio oficial para importaciones, iniciando una reforma monetaria y anunciando que no habría recortes en el gasto público. Como quiera que sea, expresa que la renta petrolera "es mucho dinero, pero muy poco para un país de 27 millones de habitantes que se quiere desarrollar". Concluye diciendo "que se impongan los románticos o los prácticos, no evita el colapso, simplemente acelera o no su ocurrencia".

Por esta razón, no era difícil predecir que en Venezuela cuando los precios del petróleo bajan, aparecerá un déficit en cuenta corriente que hace insostenible el tipo de cambio y viene una devaluación, aumento de impuestos o recorte del gasto, que mejorará el saldo fiscal en bolívares –por lo altos? ingresos en dólares-, pero que también trae consigo un efecto contractivo a corto plazo, no se estimulan las exportaciones y obliga a pagar más por los productos importados en la cadena productiva –

conocido como efecto Laursen-Metzler-, que es lo que hace que Venezuela sea "una de las economíaa más volátiles de América Latina" (Santos, 2003).

Por otra parte, de acuerdo con la tesis de Baptista (2004, pp. 58-63), se considera que la economía venezolana al ser una de tipo petrolera, rentista, en la cual ni el trabajo ni el capital nacional generan ingresos, sino que se ejerce la propiedad terrateniente en el mercado mundial, naturalmente se expone a la volatilidad de ese mercado y de otras variables frugales y a las disputas con el capital internacional.

Esto significa, conceptualmente, que el valor económico del petróleo venezolano ostenta una cualidad dual: una, como recurso natural no renovable, que lo es en su yacimiento, que es algo de que se dispone pero que no implica una actividad productiva humana que comprenda su extracción y refinación; y otra, que se manifiesta en su comercialización en el mercado internacional y que sólo es causada por ser la propiedad ejercida sobre ese recurso –que es lo que le da su carácter rentístico-.

Es decir, la característica esencial de esta renta es que no deriva del esfuerzo productivo –incorporando fuerza de trabajo, capital, tecnología, gerencia y otros factores-, y su venta en el mercado mundial, deriva sólo del ejercicio de la propiedad de ese recurso, que se oferta a altos precios y que es independiente del ciclo productivo interno del país. Esta circunstancia produciría "un ciclo errático" en su economía, con muy poco control por parte del Estado venezolano, además del ciclo interno que, aunque puede tener auges y depresiones, puede ser controlado por el Estado.

En 1958, la Junta de Gobierno de Venezuela, provista de poderes extraordinarios, decretó una reforma a la ley de impuestos a la renta (salarios), en donde estableció que la tasa a ser aplicada a las empresas petrolers pasó de 30 a 47%. Esta es la fecha en que se inicia la apropiación del Estado de toda la renta que genera el negocio petrolero. Se dejaba atrás el tratado comercial con Estados Unidos de 1939 que le permitía beneficiarse del petróleo.

La observación de este ciclo interno entre 1950 y 1982, de treinta años, muestra que la tasa general de beneficios puede, según este autor, dividirse en dos subperíodos, 1950-1975 y 1975-1982, lapsos en los que se puede seguir mejor la evolución histórica de los beneficios que derivan del proceso productivo. Entre 1950-1975, se encuentra un valor de equilibrio entre 20 y 30%, pero al pasar de ese año este valor cambia y procede una baja en caída libre hasta llegar a 15%, aproximadamente en 1982. Esto significa que existen dos etapas bien claras para esta renta, una de auge y normalidad, seguida de otra de desequilibrio que conduce a una depresión.

En esta representación se observa que la capacidad productiva instalada en la etapa de desequilibrio crece un 50% más que en el normal, pero que la tasa de expansión económica en el desequlibrio es un 40% menor que en la normal. La productividad se derrumba en la etapa de desequilibrio, todo lo cual significa que "cada punto porcentual añadido a la capacidad de producción más bien la frenó o hasta la hizo retroceder" (Ibid., pp. 60-61). ¿Y qué era lo que necesitaba Venezuela en este tiempo? – Requería de una expansión del consumo mayor que la expansión de la inversión, porque de hecho, el índice inversión/consumo baja de 2,0 (1974-1977) a -1,8 (1978-1982). Esto creó una desarmonía.

El desarrollo y crecimiento del país en estos años se obtendría siguiendo la teoría del desarrollo mediante la renta, y se produjo gracias a unos excedentes no producidos por la sociedad que llegan del exterior, los cuales el Estado lo hace suyos, apropiándoselos. En tal situación, se concibe un crecimiento económico que pueda ser continuo y sostenido en el tiempo. Esto constituye lo que se denomina la acumulación de capital, que permitirá la producción de biens y servicios según lo descrito y que distribuye a la sociedad. Vale decir, en este procesos se va construyendo una estructura que capta excedentes, la renta, los hace producir y distribuir como inversión reproductiva, según areglos sociales y políticos, con el fin que los disfrude la sociedad.

El colapso del rentismo se debería según Baptista (2004, p. 294), a tres factores. 1) la renta, propiamente tal, la cual resumen como "la renta petrolera no tiene futuro. Y huelga decir que si esto es así cabe también afirmar que el rentismo tampoco lo tiene". Esto es porque la rentabilidad del negocio petrolero, ha sido a lo largo del tiempo sostenida. Entre 1929 al 1979, fue creciente, pero a contar de esa fecha decreció, estrechándose, por lo que "el reclamo de una renta por parte del propietario del subsuelo también se ha estrechado" (Ibid., p. 296), aparte de que el costo de exploración, que se mueve al alza con la subida de precios, al bajar estos, tiende a ser constante en las mejores condiciones. Esto presiona más al estrechamiento de la rentabilidad del negocio petrolero. Esto lleva a concluir, que desde este factor, "la importancia de la renta petrolera en la vida económica venezolana tiene por delante un curso inevitablemente declinante" (Ibid., p. 297).

El segundo factor a considerar es el de la viabilidad del rentismo, es decir, su capacidad para autoreproducirse, preservarse en forma sostenida. Por esta razón Baptista afirma que este colapso no tiene por qué ocurrir cuando desaparece la renta –factor anterior-, sino que puede ocurrir "y, de hecho así sucedió, en el medio del auge de los ingresos provenientes de la renta. El colapso ocurre, en breve, no cuando la renta merma y desaparece, sino justamente en el caso contrario … mientras mayor el influjo posible de renta, mayor terminará por ser la incapacidad de la economía para crecer y desarrollarse de una manera sostenida" (Ibid., p. 299). Esto se puede ilustrar en uno de los elementos de la política económca el páis, la sobrevaluación de la moneda –también se puede ver en la ampliación del marcado nacional, en la acumulación de capital o en la maximización de la renta-. La sobrevaluación colabora con éxito en todos los procesos nacionales, pero una moneda muy cara limita el acceso al mercado internacional, tanto que los ingresos fiscales merman con la moneda sobrevaluada. En resumen, la conformación originaria del mercado y la preservación de las condiciones para el crecimiento económico tienen limitaciones fuertes: la renta internacional afectan a la productiviad y a los salarios reales, que son los que generan los excedente productivos, porque "el capitalismo rentístico carece de los mecanismo propios para asegurar el más básico de los equilibrios económicos" (Ibid., p. 301). Es, desde este factor, inviable.

El tercer factor es el de las relaciones Estado-sociedad en Venezuela. Durante esta época del rentismo, el Estado venezolano actuó sin más como un terrateniente. Así, aumentó sus recursos y se independizó de su economía local, nacional, con lo cual se creará una estructura política muy particular, autónoma, debido precisamente al peso de los recursos que le remite el comercio internacional, cuantiosos, que se continúa hasta el siglo XXI. Esto no es normal en un país, ni desde el punto de vista de la modernidad ni de la contemporaneidad. Pero, frente al mercado internacional, a las compañías consecionarias extranjeras, tiene un contrapeso similar, que afectarán sus arreglos internos –considerando la débil posición del sector privado interno-, equilibrio que resultó ser precario al menos en cuatro momentos de la historia: 1920 a 1940, de claro predomino de las compñías extranjeras en el establecimiento de los convenios operativos y en la determinación de la sobrevaluació de la momeda, que fue un eficaz mecanismo para distribuir la renta; de 1941 a 1958, fijarían las bases de la renta que regirán a futuro; en diciemre de 1959, el gobierno venezolano altera en forma unilateral los convenios suscritos hasta entonces por medio de un decreto-ley, cambiando la tributación de las compañías de 30 a 47%, con lo cual se rompen los acuerdos previos, el Estado aumenta su poder, desequilibra el juego; este es el momento en que se crea la OPEP, con lo cual el país ahora forma parte de un cartel, lo cual aminora su tensión interna, pero éste "será el momento cuando la inviabilidad del capitalismo rentístico empiece a manifestarse de forma ostensible" (Ibid., p. 318). Este período culmina con la nacionalización de la industria del petróleo, en enero de 1976, aspectos ya vistos en capítulos anteriores. Sin embargo, el desequilibrio en las relaciones internas de poder, "configuran así, un marco de cosas que desemboca finalmente en el colapso de la estructura establecida" (Ibid., p. 318). Es el clímax y mayor desequilibrio del rentismo.

Luego de los años ochenta, se observará un creciente endeudamiento interno, presión de deudores multilaterales y extrema vulnerabilidad del Estado. En esta coyuntura, el sector privado se abstuvo de actuar, se produe una formidable fuga de capitales, disminuye la inversión productiva a niveles insostenibles y se genera una situación social crítica, confusa, que fractura el equilibrio social.

Aquí se produce un hecho insólito, el Estado ostenta el título de gran terrateniente, con amplísima autonomía económica, monopoliza tanto el poder político como el económico, concentrando este conjunto de factores que imposibiltan el desarrollo normal del crecimiento capitalista.

Entonces, surge el enunciado que "la acumulación de capital y el crecimiento rentístico, como lo hemos demostrado ampliamente, no son, al final de cuentas, compatibles " (Ibid., p. 321).

La crisis, por tanto, "se origina porque se invierte mucho, y adquiere vigor hasta agravarse porque deja de invertirse", el índice de inversión/consumo era 0,9 (1950-1975), 2,0 (1974-1977) y -1,8 (1978-1982), y, en general, fue de 0,5 para todo el último período (1975-1982). "la gran paradoja del tiempo es que nos metimos en un enredo colosal por habernos pasado de frugales... si sólo se hubiera invertido menos, y si sólo se hubiera consumido más, hoy las cosas podrían ser diferentes" (Ibid., p. 61), este ciclo desestimuló la inversión, hizo caer la productividad, cayó el salario real, también el empleo y la tasa de beneficio y, en general, fue disminuyendo el ritmo de actividad económica. La salida a este círculo vicioso pudo -y puede- haber sido incentivar el consumo, especialmente nacional, y estimular el crédito al gasto, con el riesgo de irse al sector externo, aunque sea difícil fijar reglas certeras sobre este tema.

La renta experimentó un crecimiento muy significativo alcanzando un máximo histórico en 1974, época de bonanza en los precios el petróleo, diez veces mayor que la actividad productiva, y 50% más que el PIB no petrolero. He aquí que se produce lo que Baptista define como el derrumbe diciendo que "el colapso de la estructura capitalista-rentistica no ocurre por la caída de la renta", puesto que en 1982 se hizo evidente que esos altos niveles de renta no podrían seguirse manteniendo, a la par que que también se agotaba la capacidad del pais para endeudarse, encontrando una negativa de la banca internacional para conceder nuevos préstamos, lo que condujo a la "crisis cambiaria de 1983". La renta petrolera que venía con un crecimiento de 7,3% (1953-1961), se reduce a -0,6% (1961-

181

1970) y, por la bonanza de los años setenta, llega de nuevo a 37,6 % (1971-1978), pero con la caída de los precios del petróleo en 1986 se redujo a menos de la mitad y esto fue lo que llevó al colapso de este modelo (pp. 95, 185). Con todo, como ha expresado repetidamante Baptista (2005, p. 109),

> el capitalismo rentístico es una estructura inviable, en el estricto sentido de que carece de mecanismos de autoregulación, valga decir, y en los términos convencionales de la teoría económica, carece de un equilibrio estable... Ello significa, además, su imposibilidad de autorreproducirse, y por tanto, de garantizar un crecimiento sostenido de su actividad económica.

En los últimos años, entre 1981 y 2011, Venezuela no ha sido capaz de cambiar o altera el modelo rentista. Según Baptista (entrevista de Salmerón, 2011, p. 1-4), durante el gobierno bolivariano "deliberadamente el país ha vivido un intento por regresar a la etapa exitosa del rentismo que, todo indica, no volverá" o bien, abriendo un camino que según Santos, promueve "el consumo mínimo necesario y esa moralidad atrasada de vivir donde se busca vender la necesidad de una vida sencilla, bucólica, porque al conformarse con la renta petrolera se renuncia al proyecto de desarrollo del país" (entrevista de Salmerón, 2011b, p. 1-8). En síntesis, no se puede sostener un país en donde el 70% de sus habitantes viven del Estado, no son productivos (Sucre, 2011b, p. 4-7).

La historia del petróleo desde los años veinte, renta mediante, brindó excelentes oportunidades para el desarrollo del país, situación que a partir de los años ochenta ha cambiado drásticamente y todo indica que este modelo es inviable y que ha de ser cambiado, obviamente acercándose más a una economía productiva normal, con este excente petrolero. Este paso requiere, sin duda, de un tiempo transitorio, que no ha de ser corto, será complejo en su adpatación y difícil de implantar. Baptista (2004, p. 49) en un ejercicio académico se imagina que de un día para otro desaparece la renta petrolera y se hace necesario reunir ingresos similares para el país, pero ahora provenientes de otras fuentes. Se pregunta ¿cuánto capital se requeriría en esta transición? Su supuesto postula que este valor se conseguiría tomando como referencia la rentabilidad promedio del capital internacional, que era de alrededor de 10% anual -sin considerar la crisis-, esto es, que se necesitarían unos 150 mil millones de dólares, con una fuerza de trabajo con productividad similar o más alta a la de ese nuevo mercado de trabajo internacional –es decir, habría que instituir un nuevo patrón cultural-, y, además, generar bienes que demanda ese mercado internacional o global.

Esa es la tarea que se enfrentará en el futuro, la cual se deberá cumplirse sin alterar las condiciones sociales, democráticas e institucionales del pais, como explica este autor, "para Venezuela, entonces, el tránsito estructural que resulta del desarrollo de su prática económica interna no es la única dificultad por enfrentar" (p. 108). Ya se debería estar transitado este nuevo camino, aunque nadie se de cuenta. Ya no es tiempo de mirar hacia atrás lo pasado.

En el año 2007, el Ministro de Planificación boliavariano, Jorge Giordani, dio su opinión al respecto. Apoyado en la tesis de las perspectivas de cambio globales que Mészáros explica sobre los límites de crecimiento del capital, plantea que ya llegó el turno de la crisis al capital venezolano, primero por desacumulación, luego del alza de precios del petróleo en los años setenta, aquel boom y el alto proceso de endeudamiento seguido "ha hecho prisionera la renta petrolera desde esos instantes... La riqueza colectiva fue expropiada por unos pocos, transferida al circuito internacional sin que se produjera una acumulación interna" (p. 21-22). Al pasar revista al desarrollo de la renta del país a través de años pasados, recuerda que Venezuela pasó "primero por unos años dorados desde 1943 a 1958" (p. 21), con abudancia de recursos monetarios e insufucuencia de la absorción de capital. Sin embargo, el primer período que menciona, va de 1950 a1957, fase de la política de sustitución de importaciones, con un crecimentoi medio de 10,5%, que permitió una urbanización veloz, migración a los cenros urbanos y con incentivo a la consrucción vía inversión privada; el segundo período, entre 1959 a 1978, de crecimiento moderado, con una media menor de 5% que "tuvo una duración de casi dos décadas", época en que ocurre el boom petrolero, se produjo un calentamiento de la economía, luego de lo cual vendría un proceso recesivo entre 1979 a 1983, durante el cual siguió el endeudamiento del país; y, el período a partir de 1984, hasta comienzos el siglo XXI, en el cual se mantuvo un crecimientio menor del 4%, con altibajos y"enmarcados en la tendenciadecreciente de la inversión respecto al PIB" (pp. 40-41).

Concluye Giordani en forma un tanto elusiva que "la política de máximos volúmenes a bajos precios, menores a 4 dólares por barril en términos reales y alrededor de 15 dólares el barril en términos nominales, ocupaba la escena del panorama petrolero... Se había entrado en una fase de estancamoento de la inversión y el uso de ls reservas internacionales hacía aparentar una recuperación del aparato productivo que luego dio señales del colapso anunciado... El magma del colapso rentístico subyacía en la débil corteza de la dinámica política del país" (Ibid.). No sería sino hasta Julio del año 2112, en plena campaña electoral para la elección presidencial del país, cuando Giordani hiciera una afirmación más clara y definida, "se acabó lo regalado! ...La renta del petróleo es 15 o 17% del PIB venezolano (calculado en unos 300 mil millones de dólares) y eso significa unos 40 mil millones de dólares que se distribuyen entre todos los venezolanos como parte de la obstinada política social incluyente" (Tovar, 2012. p. 1-8).

Otro recuento de este colapso viene también de Hugo J. Faría (2008, p. 1-13), quien al preguntarse ¿cómo llegamos aquí?, pone mayor énfasis en el componente ideológico que ha encauzado el desarrollo del país, que a partir de los años cincuenta marca de una forma u otra, su orientación hacia el socialismo. En su argumentación hace un resúmen de este proceso, desde la dictadura de Pérez Jiménez, en los años cincuenta, en que se avanzó en el sentido al estatizar empresas (CANTV, de teléfonos, SIDOR, Instituto de Petroquímica – PEQUIVEN-, red de hoteles de Conahoto, y bancos regionales); luego, el Presidente Betancourt continuó este línea (crea Cordiplan, realiza una reforma agraria, obstaculiza la inmigración europea, funda el cartel OPEP, crea empresa petrolera estatal CVP, elimina conseciones de petróleo, triplica la tasa impositiva de las personas, aumenta el gasto público y disminuye la inversión, devalúa el bolívar y establece control de cambio y controles de precios para viviendas alquiladas, origen de la "ranchificación" del país; el Presiednte Leoni profundiza estos controles, consolida le política de sustitución de importaciones, estableciendo un sistema mercantilista y fortalece los sindicatos; el Presidente Caldera-I mantuvo este estado de cosas; el Presidente Pérez-I, estatiza el Banco Central de Venezuela, dejándolo sin autonomía, estatiza el hierro y el petróleo, aparecen las tribus judiciales, crea los decretos de salarios mínimo e inicia las gavetas bancarias, aumenta el gasto público y aparece la inflación; el Presidente Luis Herrera utiliza el círculo perverso de devaluación-inflación; El Presidente

185

Lusinchi recoge vicios anteriores e ilustra la corrupción del control de cambios –Recadi-, y la impunidad, al tiempo que patentiza por primera vez en los ochenta, una tasa de crecimiento de -1,88%; El segundo gobireno de Pérez intentó corregir esta situación heredada pero perdió apoyo popular al intentar controlar la inflación; Caldera-II, volvió con los controles sin estabilizar los precios, la tasa de crecimiento durante esta décad de los noventa promedio fue -0,008%.

En resumen, Faría plantea que en estos casi cincuenta años, "destruimos el capitalismo, contribuyendo sensiblemente al estancamiento crónico de la economía" (Ibid.), con lo cual aumentó la pobreza, al punto de que el imgreso por habitante en el año 2008 era igual al de 1957 y esto ayudó al surgimiento de las políticas bolivarianas. En conclusión, expresa siguiendo a Maxim Ross, "no hemos tenido capitalismo y algunos empresarios acumulan riqueza a base de mercantilismo", y sugiere "restablezcamos el capitalismo salvaje en Venezuela" (ibid.).

Una primera resultado sobre el tema del colapso de la renta petrolera venezolana parece ser que ésta mostró su eficiencia al desarrollar el país por al menos sesenta años, y ésta ha de ser considerada como una exitosa primera etapa, pero una vez llegado a su clímax ha perdido ímpetu, dejando tras de si una gran experiencia interesante aunque con amargo sabor. Los retos del Estado también deberían incluir el generar las condiciones para una inversión productiva normal y elevar el acervo de capital humano, físico y social, sin olvidar que tras todo crecimiento económico o desarrollo hay una historia humana y una historia natural –con la esperanza de que sea positiva, porque es preferible crecer poco, pero bien, que crecer mucho, pero mal-.

La visión sencilla sobre el papel del Estado supone su intervención directa y orientada según la política económica, densa, especialmente en Latinoamérica. Pero, la dinámica del desarrollo de un país no es sólo una cuestión económica, es también política, social y cultural. Lo que debe transformarse no es únicamente la calidad y la dimensión del Estado, sino también el sistema político y social, en su conjunto. Esto significa, modernizar instituciones, cambiar las formas, la asignación de recursos y diseñar otra política económica, vinculada a una nueva política energética (Schuldt y Acosta, 2004). Esto se podría ilustrar mostrando también el caso de Noruega, país con larga historia y política madura en su sociedad, incorporada a la modernidad, y petrolera desde 1973, cuyo PIB por habitante actual es de USD 10.229, mientras en la Venezuela de 1920 éste era de USD 498 (Baptista, 2004, p. 323).

En este punto, es bueno reflexionar sobre lo dicho por Silva Michelena (2006, p. 44), en el sentido que "el país se halla sin remedio a la deriva, siendo cada vez más dependiente por ser cada vez más afectado por una renta en extremo cuantiosa", pero como la renta es cuantiosa en el destino y no en su origen, en donde es baja por ser agotable, siempre es posible aumentar la renta si se reduce el acceso del capital a los yacimientos, con lo cual quedan al descubierto bien sea la voluntad decorosa de producir, no rentista, el afán de enriquecimiento que se le atribuía, y que en definitiva provenía más bien del propio Estado. Con la situación presente se ha llegado a un callejón sin salida. Pérez Alfonso, en el último tiempo, al percatarse de esto vuelve a re-editar la antigua legitimación reivindicativa de la renta, sin éxito, aunque ya no era posible retroceder cincuenta años. Aun así, la renta siguió creciendo. La renta del petróleo no es el futuro del país, pero sin la renta del petróleo no podrá construirse ese futuro.

En 2009, en entrevista al asesor presidencial español, politólogo Juan Carlos Monedero, luego de una Jornada de reflexión de intelectuales del socialismo, denominada *Intelectuales. Democracia y Socialismo: callejones sin salida y caminos por recorrer,* donde él era el organizador, publicada en medios oficiales y públicos, explicó que por 10 años el gobierno bolivariano ha tratado de terminar con los fantasmas de los gobiernos anteriores sin mucho éxito. El gobierno se encontraba en una encrucijada.

En el registro de la entrevista se expresó diciendo que el primer fantasma era "la mentalidad rentista", la cual "hace decantar en la figura del líder la solución de todos los problemas", ilustrándola con una imagen que transmitió el canal del Estado en donde una "señora que con un niño en brazos, decía: con Chávez, por fin me ha caído mi chorrito de petróleo", cuadro que muestra cómo se entiende este liderazgo y la mentalidad del pueblo y la de un gobierno que "infantiliza" su imagen –los otros fantasmas fueron: "el centralismo", "el militarismo", "el clientelismo partidista, y "corrupción e ineficiencia".

Esta opinión viene a corroborar un recuento estadístico anterior que había realizado José Vicente León (2006, p. 2-9) con su encuesta, al mostrar que "el encanto popular hacia Chávez es fundamentalmente utilitario. La población recibe o espera, para ellos o su familia, algo concreto del Gobierno (reparto de renta petrolera)", mostrando que los aspectos del desarrollo venezolano aparecen constantemente (Monedero, 2009; ver también: Fernández Cuestas, 1009, p. 21 y Da Corte, 20011, p. 1-5).

Debe hacerse notar que, según lo visto en este capítulo, cambiar el rentismo petrolero sin cambiar la cultura de la sociedad que lo engendró es pasar de nuevo a otra fase del mismo modelo –especie de neo-rentismo-. Los economistas, según Carrera Damas (2010, p. 403) al analizar el petróleo parecen no ver "que hay otra dimensión de lo histórico que está en la conciencia de los pueblos y que es aquello de realizar tareas imposibles". Para que este cambio sea efectivo se requiere de una serie de complejos e inéditos procesos por adelantar, entre los que se pueden citar los valores, educación, instituciones, modernidad y procesos sociales, entre otros, que se derivan de un claro análisis del problema.

Como ha expresado Baptista (2004, p. 64) al referirse a este tema, en tan "decisiva cuestión no hay unas reglas de juego conocidas, ni hay experiencias históricas positivas que nos ayuden y aleccionen. No tenemos otra alternativa que imaginar e inventar".

Sept-2016.

REFERENCIAS BIBLIOGRAFICAS

AIE (2009). Médium Term Oil Market Outlook. Jun. 2010. By Nobuo Tanaka, AIE Executive Director. www.iea.org/.

Álvarez, Ángel (2010). "El vínculo religioso de Chávez con los votantes es el problema". El Universal, 5 de septiembre, p. 1-2.

Al Shereidah, Mascar (1995). *El mundo árabe y Occidente*. El petróleo de rodillas. Caracas. Univ. Central de Venezuela. Faces.

Anzola, Hernán (2000). El petróleo en el siglo XXI. El Nacional, 24 de Setiembre, p. H-5.

Aranda, Sergio (1977). *La economía venezolana*. Bogotá. Siglo XXI.

Arenas, Nelly (1996). Vuelve el fifty-fyfty Mr. Haig. EL nacional. 28 enero, p. A-4.

Armas; Mayela (2010). Petrodólares condicionan socialismo. El Universal, 28 de diciembre, p. 1-8.

-------- (2010b). Se estanca la producción petrolera. El Universal, 8 de agosto, p. 1-8.

ASPO (2006). Crisis energética. En: http://www.crisisenergetica.org/staticpages/index.php?page=200310 21115936925; (Consulta 21 Julio 2010).

Báez Lander, Gina (2000). "Indicadores económicos". *Revista venezolana de análisis de coyuntura*. Vol . 6. No. 01, pp. 275-282.

Baptista, Asdrúbal (2010). *En pos de la idea del capitalismo rentístico* http://www.eumed.net/textos/04/Baptista-marcas.htm/ (Cons. 19-07-10).

------- (2004). *El relevo del capitalismo rentístico*. Hacia un nuevo balance de poder. Caracas. Fund. Polar.

------- (2002). "El quebradizo puente de Maddison". *Revista Debates IESA*. Vol. VIII. No. 2, pp.71-75.

------- y Mommer, Bernard (1989). "Renta petrolera y distribución factorial del ingreso en Venezuela", en: H. Nissen y B. Mommer (1989). *Adiós a la bonanza*. Caracas. Eds. H. Nissen y B Mommer.

Bermúdez Romero, Manuel (2001). *PDVSA en Carne Propia*. Panamá. Lulu.com.

Betancourt, Rómulo (1956). Venezuela, política y petróleo. Caracas. Sendero.

Birol, Fatih (2007). AIE: sin el petróleo de Irak, tendremos graves problemas hasta 2015. Entrevista. http://www.crisisenergetica.org/trackback.php?id=20070629112239 590. (Cons. 2. Sept. 2010).

Brewer-Carías, Allan, R. (2007). La "estatización" petrolera en 2006-2007 con la terminación unilateral y anticipada de los contratos operativos y de asociación respecto de las actividades primarias de hidrocarburos. (Consulta del 18.09.2010).

http://www.allanbrewercarias.com/Content/449725d9-f1cb-474b-8ab2-41efb849fea8/Content/I,%204,%20558.%20ESTATIZACI%C3%93N%20DE%20EMPRESAS%20TERMINACI%C3%93N%20CONVENIOS%20PETROLEROS.pdf.

Briceño-León, Roberto (1990). *Los efectos perversos del petróleo*. Caracas, Venezuela, Fondo Editorial Acta Científica Venezolana-Consorcio de Ediciones Carriles.

Brossard, Emma (2001). *Power and Petroleum*. USA. Intercollegiate Studies Institute.

Bullón Miró, Fernando (2006). *El mundo ante el cenit del petróleo*. Consulta en internet en: www.crisisenergetica.org (cons. 01-09-2009).

Cadenas, Rafael (2009). "Es éste un estado de locura". El Nacional, 6 de septiembre, p. 3-6.

Camel Anderson, Eduardo (2003). Comienza la aplicación el Plan táctico militar en el holding. En: www.eluniversal.com/2003/01/07/pol_art_0711200.shtml. (consulta del 25. Agosto. 2010).

Cardona Marrero, Rodolfo (2002). La mesa será de negociación. En: www.eluniversal.com/2002/11/08/pol_art-_08102AA.shtml. (Consulta del 21-11-2010).

Cardozo, Elsa (2006). El (nuevo) efecto Venezuela. Analítica.com. 27 de Junio.

Carquez Saavedra, Alfredo (1998). Chávez: están pensando en matarme. El Nacional, 18 de abril, p. D-5.

Chávez, C. R. (1994). Dos golpes militares fueron los detonantes de la crisis financiera. El Universal, 9 ed marzo, p.2-4.

Chesney Lawrence, Luis (2011). *La lista*. Teatro. Coro. Linográficas López.

------- (2010a). *A Quest for Peace*. Pittsburgh P.A. Univ. (USA), I- Proclaim Press.

------- (2010b). "Opposing sides of Venezuela's academy clash over policy and budgets". *Times Higher Education*. 18 december 2010, p.1. Entrevista de Meesha Nehru

------- (2008a). "Ambiente y concientización". *Terra*. No. 36. Caracas. UCV- Instituto de Geografía.

------- (2008b). "La concientización de Paulo Freire y su aplicación en la resolución de problemas". En: Rosa María Pérez (ed.) (2008). *Magno evento internacional Paulo Freire*. Caracas, UCV.

-------- (2008). "La concientización de Paulo Freire". *Revista Historia de la Educación Colombiana*. No. 11 (2008), pp. 53-74

------- (2007a). "Modernidad, cultura y desarrollo en Venezuela". *Terra*. Vol XXIII. No. 33.

------- (2007b). Los escenarios de la transformación del estado venezolano. Res paper.

------- (2007c). "Mariano Picón Salas y Rómulo Betancourt en una de las encrucijadas de la cultura venezolana". *Revista Anales* (Univ. Metropolitana), Vol. 5 No. 1 (2007), pp. 63-72.

------- (2006). *Esclavo y amo.* Los años de Pérez Alfonso. Caracas. www.comala.com.

------ (2006b). Cultura y globalización en América Latina. Conferencia en Universidad de Nariño. Pasto (Colombia).

------- (2005). Los desafíos de la cultura y el arte en América Latina en tiempos de la globalización. Cátedra Arte y Sociedad. Antioquia (Colombia). Conferencia de 24 de agosto.

-------- (2004). El desarrollo sustentable: ¿un cambio de paradigma? Res. Paper.

------- (2004). Conferencia. "Reflexiones sobre el Método". Programa de Cooperación Inter facultades. UCV. Caracas, 27 de abril de 2004.

-------- (2001). "A diez años de la Cumbre de Río" *Revista Venezuela Analítica* (Internet), 17 de septiembre de 2001.

-------- (2000a). "¿Y qué pasó con el desarrollo sustentable?". *Revista Venezuela Analítica* (Internet). 28 de abril.

-------- (200b). "Tras la huella del Allendismo". *Revista Venezuela Analítica* (Internet) 23 de marzo de 2000. Sección Internacional.

-------- (2000c). "El desarrollo sustentable: ¿un nuevo paradigma? *Revista Venezuela Analítica* (Internet). 11 de mayo de 2000. Sección Turismo y ambiente. Opinión y análisis.

-------- (1993). *Lecciones sobre el Desarrollo Sustentable.* Caracas. Fundambiente.

-------- (1993). "Educación ambiental y desarrollo sustentable". *Revista Ambiente* Vol.16, N° 50 (1993): 34-35.

Consalvi, Simón Alberto (2000). Mossadegh. El Nacional, 24 de septiembre, p. H-3.

Coronel, Gustavo (2010). Los 35 años de PDVSA. En la web: http://www.petroleumworldve.com/pv10082901.htm/ Consulta:28-08-10.

Cuevas, Cantórbery (2010). Peak oil. Tal Cual, 28 de enero, p. 16.

Curiel, José (2014, comp.). *Del pacto de Punto Fijo al Pacto de La Habana.* Caracas, ed. Cyngular.

Dávila, Luis Ricardo (2005). "El imaginario petrolero (Petróleo e identidades nacionales en Venezuela)". En: Juan José Martín Frechilla y Yolanda Texera Arnal (2005). *Petróleo nuestro y ajeno. La ilusión de modernidad.* Caracas. UCV-CDCH.

De la Cruz, Antonio (2013). "Estados Unidos: mayor productor de petróleo y gas del mundo". *Interamerican Trends.* En la web.

Del Búfalo, Enzo (2000). "La enfermedad holandesa y la enfermedad venezolana". Comentarios a la ponencia de Humberto García

193

Larralde. Revista Venezolana de Economía y Ciencias Sociales. Vol.6 No. 1, pp 145-149.

Deutsche Welle (2011). Prisma. La mafia y el Petróleo, 2 programas producidos en 2010 dedicados al tema en Italia y en México..

"Días de conflicto". Reseña cronológica. En: www.eluniversal.com/2002/04/21.

DiJohn, Jonathan (2002). "Mineral Resource Abundante and Violent Political Conflict: A Critical Assesment of the Rentier State (Working Paper No. 20)". Londres. Reino Unido. Crisis States Program at London School of Economics's Development Studies Institute.

Drucker, Meter F. (2002). Managing the

Eco, Humberto (2007). *A paso de cangrejo*. Barcelona. Random House.

Eliot, T. S. (1979). *Notes towards the Definitioon of Culture*. London. Faber.

España, Luis Pedro (2004). "La cultura y las causas de la pobreza en Venezuela". En: UCAB (2004). *Detrás de la pobreza. Percepciones. Creencias. Apreciaciones*. Caracas. Universidad Católica Andrés Bello, pp. 27-60.

Espinasa, Ramón (2009). El petróleo, siempre el petróleo. El Universal. 1°. deAbril, p.2-2.

-------- (2006). "El auge y el colapso de PDVSA a los 30 años de la nacionalización". *Rev. Venezolana de Economía y Ciencias Sociales*. Vol./Año 12. No. 1, pp147-182.

Espinasa, Ramón y Mommer, Bernardo (1987). "De una a otra Venezuela". *Revista SIC*. No. 500, pp. 477-489.

Alfredo Fermín (2010): Algo pasó en el mundo privado que dejó de invertir. El Carabobeño. En la web. 19/07/2010, /Foro Dominical. (Cons. 19 de Julio, 2010).

Frances, Antonio (1996). La Venezuela neopetrolera. El Nacional, 10 de noviembre, p. E-10.

García Araujo, Mauricio (2002). "Una visión de la economía venezolana y sus problemas". *Visión del país*. Caracas. Unimet.

Giddens, Anthony (2010). The Politics of Climate Change. UK. Policy Network Paper.

-------- (2009a). Recesión, cambio climático y planificación. En: www.elpais.com (España). 03-04-09. (Cons. 12-12-09).

-------- (2009b). Estamos iniciando una revolución mundial que nos planteará problemas y oportunidades. En: www.jordipujol.cat/es/conferencies/596/ (Cons. 12-12-09).

Giusti, Luis (2009). Luis Pedro España: el régimen engañó al país con una política social que no existe. Venezuela noticias y El Universal, 5 de agosto. http://venezuelanoticia.com/www.venezuelanoticia/2009/08/freemen diave-luis-pedro espana/

-------- (2008). Ahorrando petróleo. El nacional. 5. Octubre, p. 6-Sietedías.

Gómez, Elvia (2002). Chávez amenaza militarizar a PDVSA. En: www.eluniversal.com/2002/03/18/eco_art_18201AA.shtml. (Cons. 14/Abril/ 2010).

González Cruz, Diego J. (2006). Consultor privado. Comunicación personal de 9-08-2010.

González Oquendo, Luis J. (2010). *Rentismo y construcción de problemas de investigación en ciencia política.* España. Univ. Internacional de Andalucía. Consulta 18-07-2010. http://dspace.unia.es/bitstream/10334/206/1/0073B_Gonzalez.pdf.

------- (2006a). "Petróleo y cambio social como programa de investigación en Venezuela". Zulia. Revista de Ciencias Sociales. Vol.12. No. 3, pp. 476-495.

------- (2006b). "La mujer en las publicaciones institucionales de las empresas petroleras extranjeras en Venezuela". *UPL.* Vol 11. No. 33, pp. 55-68. On line: [citado 03 septiembre 2009], p.55-68. <http://www.serbi.luz.edu.ve/scielo.php?script=sci_arttext&pid=S13 15-2162006006000004&lng=es&nrm=iso>. ISSN 1315-5216

Grisanti, Luis Xavier (2006-7). "¿Sembrar el petróleo o sembrar ciudadanos?" *Petróleo YV.* No. 25, p. 4-6. En: www.petroleoyv.com/website/uploads/dadabik-tmp-file-grisanti-5.pdf (Cons. 10-12-09).

------- (2005). El pensador de Camurama. En: www.petroleumworldve.com/Edito092205.htm/ Consulta el 17 jul.2010. También publicado en El Universal, 22. septiembre. 2005.

Giusti, Luis (2003). Resumen de la gestión de Pdvsa en el quinquenio 1994 – 1998. En la web. www.soberanía.org - 15/05/03. Consulta del 20-06-2010.

Griswold, Wendy (2004). *Cultures and Societies in a Changing World.* 2nd. Edtion. USA. Pine Forges Press

Harrison, Lawrence y Samuel Huntington (eds) (2000). *La cultura es lo que importa. Cómo los valores pueden dar forma al progreso humano.* Buenos Aires, Argentina, Editorial Planeta.

Hernández-Grisanti, Arturo (1974). "La nacionalización del petróleo en Venezuela". *Revista Nueva Sociedad* No. 14, pp. 34-39.

Hernández, R. y Giusti, R. (2006). *Carlos Andrés Pérez: memorias proscritas.* Caracas. El nacional.

Horsnell, Paul (2000). "The probability of oil market disruption with an emphasis on the Midlle East". Institue of Public Policy. USA. Rice University.

Kaplan, Robert, D. (1997). "Was democracy just for a Moment?" *The Atlantic Montly*, pp. 55-80.

Karl, Ferry Lynn (2006). "Oil-Led Development: Social, Political and Economic Consequences (CDDRL Working Paper No. 80)". Stanford. Estados Unidos. Center on Democracy, Development, and the Rule of Law del Freeman Spogli Institute for International Studies de Stanford University.

------- (1977). *The paradox of plenty*. Oil Booms and Petro-States. Univ. California Press.

Landaeta, Jon (1999). *El método Delphi*. Barcelona. Ariel.

Lander, Luis E. (2003). "PDVSA y el gobierno de Chávez". Ponencia presentada en Cogreso de LASA (Latin American Studies Association), Dallas, Texas, 27-29 de marzo. En: http://lasa.international.pitt.edu/Lasa2003/LanderLuis.pdf

León, Luis Vicente (2008). ¿Temido o entendido? El Nacional 28 de diciembre, p. 4-6.

Linstone, H., Turoff, M. (1975). The Delphi Method. Techniques and Applications. N.Y. Addison-Wesley.

Lynn Karl, Ferry (1977). *The Paradox of Plenty: Oil booms and Petro-States.* Univ. California Press.

Martín Frechilla, Juan José y Texera Arnal, Yolanda (2005). *Petróleo nuestro y ajeno. La ilusión de modernidad.* Caracas. UCV-CDCH.

Martínez, Eugenio (2011). Planes sociales y nexo emocional condicionan respaldo a Chávez. El Universal, 6 de febrero, p. 1-6.

Martínez, Ibsen (2001). Historia sentimental del petróleo (II). El Nacional, 24 de marzo, A-4.

Materano, Julio (2016). "Encuesta sobre condiciones de vida en Venezuela". http://elestimulo.com/climax/morir-una-dos-y-tres-veces-de-hambre/(consulta 13-09.2016)

Mato, Daniel (Coord.) (2005). *Políticas de economía, ambiente y sociedad en tiempos de globalización.* Caracas. Univ. Central de Venezuela. Fac. de Ciencias Sociales.

Medina Horacio (2009). La doctrina De Pilatos siete años después. En: www.noticierodigital.com/forum/viewtopic.php?=598948. (cons. 05-09-2010).

Melcher, Dorothea (1995). " La industrialización en Venezuela". *Economía.* XX. 10, pp. 47-72.

Méndez, Gustavo (2002). CTV convocará a todo el país a participar en el paro nacional. En: www.eluniversal.com/2002/06/15/pol_art_15109AA.shtml/ (Consulta del 20/09/10).

-------- (2002b). La CTV cumplió lo prometido. En: www.eluniversal.com/2002/10/22/pol_art_22107AA.shtml/ (Consulta del 21/11/10).

Mommer, Bernard (2003). Petróleo Subversivo. En la web: http://foros.abc.es/cgi-local/forosabc/ultimatebb.cgi?ubb=get_topic;f=30;t=000265 y wwww.pdvsa.com/interface.sp/database/fichero/article/524/1.PDF, en fecha 08 de Enero.

Montero, Maritza (1991). *Ideologías, alienación e identidad nacional*. Una aproximación psicosocial al ser venezolano. Caracas. Biblioteca de la Univ. Central de Venezuela.

Moore, Mick (2003). "The New Fiscal Sociology in Developing Countries". Ponencia presentada en el 2003 Annual Meeting of the American Political Science Association. Filadelfia, Estados Unidos, 28-31 de agosto.

Naím, Moisés (2006). *Elicits*. Bogotá. Random House Mondadori.

Olavarría, Jorge (2001). El Destructor. Las Fuerzas Armadas, La Iglesia y La industria petrolera. El Nacional, 18 de Julio, p. H-6.

Olivares, Francisco (2012). Los olvidados del 11A. El Universal, 8 e Abril, p. 4-5

-------- (2010). "Creí en la palabra de Chávez". El Universal, 19 sSeptiembre, p. 4-6.

PDVSA (2010). Acerca de PDVSA. El sabotaje contra la industria petrolera nacional. En la web: www.pdvsa.com/ (Consulta 12 enero, 2010).

Pesenti, Antonio (1974). *Lecciones de economía política*. México. Ed. de cultura popular.

Pérez Alfonzo, Juan Pablo (1971). *Petróleo y dependencia*. Valencia. Vadell hermanos.

Pérez Schael, María Sol (2011). *Petróleo, cultura y poder en Venezuela*. Caracas. El Nacional.

Poliszuk, Joseph (2011). Las 128 maletas de Makled. El universal, 6 febrero, p. 4-4.

Porter, Michael E. (2000). "Actitudes, valores, creencias y la microeconomía de la prosperidad", en: Lawrence Harrison y Samuel Huntington (eds) (2000). *La cultura es lo que importa. Cómo los valores pueden dar forma al progreso humano*. Buenos Aires, Argentina, Editorial Planeta, pp. 73-89).

Prieto, Hugo (2000). Se confundió un ajuste táctico con un cambio estratégico. El Nacional, 24 de septiembre, p. H-5.

Quintero, Heliodoro (2010). El retorno de las transnacionales. Tal Cual, 1° de marzo, pp. 10-11.

Quiróz Corradi, Alberto (1997). Pdvsa 1997. El Nacional. 6 de Abril, p. E-8.

-------- (1997b). "Petróleo, estado y nación". Nueva Economía (8): 109-134 (Academia Nacional dde Ciencias Económicas. Caracas.)

Ramírez, S., Eddie A. (2010). Mentiras de abril 2002. El Universal, 13 de Abril. http://noticias.eluniversal.com/2010/08/24/opi_art_la-inaudita-destrucc_2008907.shtml/ (Cons. 13-04-10).

-------- (2007). Aportes para la historia. En:: www.eluniversal.com/2007/04/10/imp_opi_art_apor...

Rivas, Ramón (1992). "Del capitalismo de estado a una sociedad de mercado". *Economía* XVII, 7, pp. 89-100.

Rivero, Mirtha (2010). *La rebelión de los náufragos*. Caracas. Alfa.

Rodríguez F., Miguel A (1984). *"El verdadero origen de la deuda"*. SIC. No. 469. Vol. 47, pp.425-430).

Rojas, Alfredo (2002). Removidos siete gerentes de PDVSA En: www.eluniversal.com/2002/04/08/pol_art_08102AA.shtml. (Cons. 25/08/2010).

Rojas Jiménez, Andrés (2002). Miguel Rodríguez: en 10 años se fugaron $33 millardos. "Después del 4-F se produjo un derrumbe total". El Nacional, 4 de febrero, p. E-1.

Ross, Michael (2004b). "Mineral Wealth an Equitable Development". Los Angeles. Estados Unidos. Department of Political Science at University of California-Los Angeles.

------- (2001). "Does Oil Hinder Democracy?" *World Politics* (The Johns Hopkins Univ. Press). Vol. 53. No. 3, pp. 325-361.

------- (1999). "The Political Economy of Resource Curse". *World Politics* 51., pp. 297-322. Baltimore, Estados Unidos, John Hopkins University Press.

Sachs, Jeffrey D. and Warner, Andrew M. (1997). *Natural Resource abundance and Economic Growth.* USA. Harvard University.

Salmerón, Víctor (2010). Académicos observan riesgos de estancamiento prolongado. El Universal, 21 de septiembre, p. 1-9.

------- (2009). El manejo del boom petrolero profundizó el modelo rentista. El Universal, 13 de septiembre, p. 1-8.

Schuldt, Jürgen y Acosta, Alberto (2004). "Petróleo, rentismo y subdesarrollo ¿una maldición sin solución?". Nueva Sociedad (204): 71-89. Buenos Aires, Editorial Nueva Sociedad.

Silva Michelena, Héctor (2006). *El pensamiento económico venezolano en el siglo XX.* Caracas. Fundación para la cultura urbana.

Simmons, Matthew (2007). Llegará un caos energético si seguimos ignorando los riesgos. http://www.crisisenergetica.org/trackback.php?id=20070526112030 330. (Cons. 2.Sept. 2010).

Smith, Adam (1776). *The Wealth of Nations.* Books I-III. UK. Penguin, edición de 1974.

Sosa Pietro, Andrés (2011). Carlos Andrés Pérez. El universal, 23 de Enero, p. 4-8.

Sucre, Alejandro J. (2011). No estamos sobrado. El Universal, 12 de Junio, p. 4-6.

Toro Hardy, José (2010). La inaudita destrucción de Pdvsa. El Universal, 24 de agosto.

Tullock, Gordon (2003). "The Origin of Rent-Seeking Concept". *International Journal of Business and Economics* 2(1): 1-8. Taichung, Taiwan, Feng Chia University.

Touraine, Alain (2005). *Un nuevo paradigma para comprender el mundo de hoy.* España. Paidos.

------- (1997). *¿Podremos vivir juntos?: Iguales y diferente*. México. F.C.E.

Tovar, Ernesto (2011). "No hay precio del petróleo que baste para esta voracidad fiscal". El Universal, 6 de Febrero, p.1-10.

UCAB (2004). *Detrás de la pobreza*. Percepciones. Creencias. Apreciaciones. Caracas. Universidad Católica Andrés Bello.

UNESCO (1998). *Declaración Universal de la UNESCO sobre la diversidad cultural*. Conferencia Intergubernamental sobre Políticas culturales para el desarrollo. Estocolmo.

Urgelles, Miguel (2011). Manifiesto comunista. El Universal, 15 de mayo, p. 4-10 (Cartas al editor).

Úslar Pietri, Arturo (2006). 1989."Estatismo y neoliberalismo". *Pizarrón*. Caracas. El Nacional, pp. 375-376.

------- (2006). 1989. La hora de Venezuela. *Pizarrón*. Caracas. El Nacional, pp. 368-370

------- (1948-2006). "El tema de la historia viva". *Pizarrón*. Caracas. El Nacional, pp.18-21.

------- (1984). *Venezuela en el petróleo*. Caracas. Ed. Urbina-Fuentes.

Ventura, Patricia N. (2002). PDVSA posee fortalezas. En:www.eluniversal.com/2002/04/21/eco_art_21201AA.shtml/ (Cons. 25/08/2010).

Viera Blanco, Orlando (2010). Aquí entre nos... El Universal. 21. Marzo, p. 4-6.

Villalobos Bernal, Carlos Luis (2005). "El petróleo como negocio". En: Daniel Mato (Coord.). *Políticas de economía, ambiente y sociedad en tiempos de globalización*. Caracas. Univ. Central de Venzuela. Fac. de Ciencias Sociales, pp. 253-272.

Williams, Raymond (1986). "The Uses of Cultural Theory". *New Left Review*. No.158, pp.19-31.

Yates, Douglas A. (1996). *The Rentier State in Africa: Oil Rent Dependency and Neocolonialism in the Republic of Gabon*. Trenton. Estados Unidos. Africa. World Press.

Zamora, Orlando (2016). "Descubra cómo se dilapidó la más colosal riqueza jamás soñada por los venezolanos (1999-2015)", en la web:http://hoyennoticias.com.ve/el-chavismo-desaparecio-dos-billones-de-dolares-en-16-anos/. Consulta, 11 sept.2016.

199